中南财经政法大学出版基金资助出版

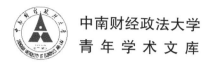

中南财经政法大学
青年学术文库

劳动合同制度信任研究：
基于主体的"制度体验"的影响分析

刘丹 著

WUHAN UNIVERSITY PRESS

武汉大学出版社

图书在版编目(CIP)数据

劳动合同制度信任研究:基于主体的"制度体验"的影响分析/刘丹著.—武汉:武汉大学出版社,2022.12
中南财经政法大学青年学术文库
ISBN 978-7-307-23418-5

Ⅰ.劳⋯　Ⅱ.刘⋯　Ⅲ.劳动合同—司法制度—研究—中国
Ⅳ.D922.524

中国版本图书馆 CIP 数据核字(2022)第 204808 号

责任编辑:韩秋婷　　责任校对:鄢春梅　　版式设计:马　佳

出版发行:**武汉大学出版社**　　(430072　武昌　珞珈山)
　　　　(电子邮箱:cbs22@ whu. edu. cn　网址:www. wdp. com. cn)
印刷:湖北金海印务有限公司
开本:720×1000　1/16　印张:15.75　字数:226 千字　插页:2
版次:2022 年 12 月第 1 版　　2022 年 12 月第 1 次印刷
ISBN 978-7-307-23418-5　　定价:58.00 元

前　言

　　劳动合同是确立劳动关系的契约，明确用人单位和劳动者权利义务的重要约定，对于加强用人单位管理以及规范劳动者的行为有着重要作用。我国实行的劳动合同制度已经成为现阶段劳动法律体系的核心，为保障劳动者和用人单位的合法权益、构建和谐稳定的劳动关系提供了强有力的法律基础和制度保证。作为维持劳动力市场秩序的基本制度保障，劳动合同制度的顺利实施、执行，需要应对和解决在劳动合同签订、履行和变更、解除和终止中存在的各种问题。树立劳动合同制度权威，促进制度顺利实施，还需要考量人们对制度的主观认可、接受和信任，建构劳动合同制度实施的主观基础。劳动者对劳动合同制度的信任态度和评价是建立劳动合同制度信心，是维持劳动者与用人单位相互信赖劳动关系的重要内容，更是影响劳动合同制度的运行效率和运行成本，推动劳动合同制度顺利实施、执行的重要影响因素。

　　本书是以信任和制度信任理论为基础，从实证角度对劳动合同制度的信任问题展开的一项经验研究。整体的研究目的是解释性的，研究思路是递进式的，通过对问卷调查数据的分析，考察劳动合同制度信任的状况和特征，分析主体（企业员工）的"制度体验"与制度信任之间的关系，阐释主体的"制度体验"对劳动合同制度信任的影响作用。在此基础上，分析、讨论主观制度信任所影射和体现的客观现实问题；"制度体验"对制度信任的具体影响作用及普遍规律，社会生活中的"社会体验"影响信任的普遍意义；最后通过以上分析，提出制度信任建构的思路和方向。

　　基于中国劳动合同制度实施的客观现实和存在的问题，本书首先关注的是企业员工对劳动合同制度信任的基本状况，对劳动合同制度整体、劳动合同制度中劳动合同履行、劳动合同解除和终止两个方面信任的基本状况进行描述分析。研究发现，整体上，企业员工对劳动合同制度具有比较高的信任度，但员工对于企业履行支付劳动报酬、安排劳动时间、购买"五险一金"等劳动合同履行方面责任、义务的信任度，高于对企业履行解除劳动合同、终止劳动关系，解决和处理劳动合同争议、纠纷等劳动合同解除和终止方面责任、义务的信任度。员工对劳动合同制度的高信任度，一定程度上体现出劳动合同制度的实施、执行符合制度目标，员工的劳动权益得到了有效的保障。但对于劳动合同制度履行与劳动合同解除和终止两个方面的信任差异，也反映出劳动合同制度不同方面在实施、执行中存在现实差异和不对等。面对同一劳动合同制度，不同主体特征员工的信任感、信任度差异，同样也影射出针对不同特征员工劳动合同制度在实施、执行过程中存在的客观性差异。员工所在的企业规模越大，劳动合同制度信任度越高，说明了在大规模企业工作的员工能够得到更充分的劳动权益保障；公有制身份员工对劳动合同制度的信任度高于私有制身份员工，反映出公有制身份作为一种"优势身份"，在公有部门工作的员工能够获得更稳定、更健全的劳动保障；员工的人力资本越丰富，劳动合同制度信任度越高，体现出市场化因素人力资本对劳动保障获得的积极影响越大，员工的人力资本越丰富，劳动生产率越高，个人的劳动保障回报越高。

　　当从整体上考察劳动合同制度信任的基本状况，并对劳动合同制度信任的差异和特征进行分析之后，本书接下来的研究重点是关于劳动合同制度信任产生的基础和条件问题。劳动合同制度信任是劳动者对劳动合同制度合理、合法且有效实施、执行的信心和期待。这种信心和期待的产生不是一种自然而然的客观现象，劳动者总是基于一些合理的原因即信任的基础、诱因，判断劳动合同制度在实施、执行过程中是否值得信任，最终做出信任选择。在劳动合同制度实施的过程中，劳动者或直接参与制度实施、执行，或是制度实施、执行的客体，劳动合同制度实施、执行结果作用于劳动者，使劳动者产生了对制度化过程是否合法、是否合理、是否满意的感知和评价。这种基于相关经历而产生的"制度体验"会直接有力地强化或销蚀劳动者对劳动合同制度未来实施、执行的信心和期待。由此，本书基于劳动合同制度实施、执行过程中，企业员工的"制度体验"对劳动合同制度信任产生和发生改变的重要影响，在这部分建立了考察主体的"制度体验"与制度信任之间关系的分析框架，通过分析主体的"制度体验"（员工对企业声誉评价，对企业执行劳动合同制度行为的合法性、合理性评价，对企业执行劳动合同制度结果或效果的满意度评价）对劳动合同制度信任的直接影响、中介影响、路径作用，系统、深入地探究主体的"制度体验"对劳动合同制度信任的影响作用。通过对调查数据的分析发现，主体的"制度体验"对劳动合同制度信任的影响具有正向影响效应，即企业员工对企业声誉、行为的合法性、行为的合理性、执行结果或效果的满意度评价越高，劳动合同制度的信任度越高，主体的"制度体验"是影响劳动合同制度信任的重要影响因素。同时，主体的"制度体验"对劳动合同制度信任的影响具有中介作用，主体特征通过主体的"制度体验"对劳动合同制度信任产生间接影响，基于社会生活实践形成的主体对制度的认知、体验、评价是制度信任更直接的影响因素。而且主体四个维度的"制度体验"存在逻辑关联性，并不是相互独立的，"制度体验"能够通过综合、复杂的路径关系对劳动合同制度信任产生影响。

根据以上的实证分析，还留下一些需要进一步思考的问题：在对制度的信任中，信任主体的"制度体验"的影响作用研究，能否为考察制度信任的影响因素提供有价值、有意义的研究视角，制度作为信任对象，"制度体验"对制度信任的影响是否是普遍的规律；社会生活中的"社会体验"是否是考察、分析、解释信任的产生、形成、改变的视角或因素，"社会体验"是否具有普遍意义。本书依据实证研究的结论，对上述问题进行了分析和延伸讨论，得到进一步启示：①人们对一项制度的信任与制度执行者的"行为""作为"以及制度执行者的信誉有关。而制度执行者实施、执行制度的行为、作为和信誉是一种客观状态，需要被人们意识、感知到，使人们对制度执行者实施、执行制度的行为、效果以及制度执行者的信誉产生心理上的认知、体验和评价，才能对制度信任产生影响。更准确地说，人们对制度执行者及其实施、执行制度行为、效果的认知、体验、评价即"制度体验"是制度信任的直接来源，是制度信任的重要影响因素。因此对制度信任状况的研究，不能不考察信任主体的"制度体验"及其差异。主体的"制度体验"因素对制度信任影响因素的研究显示出准确、合理的解释力。②对一项制度的信任，一定程度上是主体经过一定的利害盘算、理性计算、衡量之后，对制度多大程度上实现其功能、发挥其作用的一种预期和信念。制度执行者执行制度的结果或效果较之于执行制度的行为过程而言，是信任主体理性计算、衡量、评估制度是否可信的更为直接、重要的依据，是制度信任产生、形成的更为直接、重要的因素。对此，肯定主体的"制度体验"对制度信任的影响，更要肯定主体的"制度体验"中的"制度化体验"，特别是执行制度结果或效果的"制度化体验"是影响制度信任的关键因素。③主体四个维度的"制度体验"对制度信任所产生的影响有多种类型，既有对制度信任的直接影响、独立影响，也有对制度信任的间接影响、综合影响。主体的"制度体验"对制度信任的影响是复杂的、综合性的，"制度体验"作为制度信任的影响因素而言，这个影响因素是具有复杂性、综合性特征的影响因素。④信任是在社会生活中信任主体（个人、组织、公众）对信任客体（个人、组织、社会系统）未来能够履行所被托付之责任、义务的积极预期和确定不移的信念。这种对未来的预期和信念，总是以过去社会经历中的感受、认知、经验为判断和参考依据的，因为主体对所了解和经历的社会环境、社会生活所形成的"社会体验"能够使复杂性得到简化，降低不确定性和风险，因而人们的"社会体验"影响其对未知对象、未知事物的判断，这是普遍的规律。信任主体的人际信任、理性信任、组织信任、制度信任等各种信任的产生、形成和改变，有来源于不同方面因素的影响作用，但主体的"社会体验"对信任的影响是普遍的。作为考察、分析、解释信任的产生、形成、改变的视角或因素，"社会体验"具有普遍的、重要的意义。

　　针对劳动合同制度信任的研究，本书最后从微观层面提出了制度信任建构的思路和方向：一是建立起信任主体对制度的信任，需要在客观上加强对制度执行者行为的规范、约束，提高制度执行者实施、执行制度的行为合法性和合理性，建立起他们对社会制度未来实施、执行过程的积极预期；二是建构制度信任，一方面需要在客观上保障制度实施、执行的结果、效果，使制度执行者有所"作为"，另一方面需要在主观层面上不断提高人们对制度实施、执行结果、效果的主观满意度，使信任主体形成对制度未来实施、执行结果、效果的积极预期；三是应不断积累制度执行者可信赖性、可靠性方面的记录和荣誉，提升制度执行者的信誉水平，建立起对制度的整体信心。

　　本书以制度为信任的对象，以信任主体对制度的信任为研究内容，通过经验研究，考察信任主体对一项社会制度的信任水平，探索制度信任与"制度体验"之间的关系。较之以往研究多关注信任主体对制度性的社会秩序、社会环境的信任，其研究内容具有一定创新性。本书从"制度体验"角度分析制度信任的影响因素和产生机制，"制度体验"显示出合理、科学的解释力，"社会体验"作为考察、分析、解释信任的产生、形成、改变的视角或因素，具有普遍的、重要的意义。本书为研究制度信任乃至任何信任的复杂影响因素提供了一个有价值、有意义的研究视角，为促进制度信任的建立提供了具有参考价值的思路和方向。

目　　录

第一章 绪 论

第一节 研究背景、目的与意义

一、研究背景

1994 年中国颁布了第一部调整劳动关系以及与劳动关系有密切联系的其他社会关系的法律《中华人民共和国劳动法》（以下简称《劳动法》）。随着市场经济发展，为了完善劳动合同制度，构建和发展和谐稳定的劳动关系，2007 年修订通过《中华人民共和国劳动合同法》（以下简称《劳动合同法》），为进一步确立劳动者与用人单位之间的劳动关系，明确双方权利和义务，保护双方合法权益提供了制度支持和保障。劳动合同与每一位劳动者息息相关，我国实行的劳动合同制度以契约的形式确定劳动者与用人单位的权利和义务，为更好地保障广大劳动者和用人单位的合法权益、减少劳动争议、构建和谐稳定的劳动关系提供了强有力的法律基础和制度保证。①

明确劳动合同双方当事人的权利和义务，保护劳动者的合法权益，劳动合同制度的实施过程实质是劳动关系的契约化过程。《劳动合同法》规定，"中华人民共和国境内的企业、个体经济组织、民办非企业单位等组

---

① 李国光. 劳动合同法理解与适用 ［M］. 北京：人民法院出版社，2007：6.

1

织与劳动者建立劳动关系，应当订立书面劳动合同"。① 依法订立的劳动合同具有法律约束力，用人单位与劳动者应当履行劳动合同约定的义务，特别是用人单位"应当依法建立和完善劳动规章制度，保障劳动者享有劳动权利、履行劳动义务"。② 然而自劳动合同制度颁布实施以来，其实施、执行存在着一系列问题。一是在劳动合同签订方面，劳动合同制度的实施使劳动合同签订率有所提升，但仍存在劳动者与用人单位建立起劳动关系，用人单位与劳动者不签订或选择性地签订劳动合同现象。2021 年全国企业职工的劳动合同签订率达到 90% 以上，但如果以 2021 年全国第二、第三产业的就业人数 57556.69 万人计算，仍可能有 5755.67 万从事第二、第三产业的就业者没有签订劳动合同。③ 同时，劳动合同的签订存在明显的短期化现象，特别是农民工群体签订短期、临时性劳动合同比例高。④ 二是在劳动合同内容方面，劳动合同是合法劳动关系的表征，它有利于保护劳动者合法权益，但是劳动者签订劳动合同后，其合法权益并不必然得到保障。⑤ 劳动者虽然与用人单位签订了劳动合同，但劳动合同内容不规范、不合理、不合法现象突出，许多用人单位虽然与劳动者签订了书面劳动合同，但劳动者享有的社会保险数量和劳动保护类型不符合《劳动合同法》规定。三是在劳动合同实施、执行方面，我国《劳动合同法》的执行力度结构与既有社会权力结构和市场分割结构高度耦合，新法并未给次级劳动力市场中受雇者新的不同于主要劳动力市场劳动者的独享资源和权利，只

---

① 中华人民共和国劳动合同法典：应用版 [M]. 北京：法律出版社，2015：3.

② 中华人民共和国劳动合同法典：应用版 [M]. 北京：法律出版社，2015：4.

③ 中华人民共和国人力资源和社会保障部 . 2021 年度人力资源和社会保障事业发展统计公报 [R/OL]. http：//www. mohrss. gov. cn/xxgk2020/fdzdgknr/ghtj/tj/ndtj/202206/t20220607_452104. html.

④ 徐水源 . 农民工劳动合同签订状况及其影响因素分析 [J]. 人口与社会，2017（3）.

⑤ 徐道稳 . 劳动合同签订及其权益保护效应研究——基于上海等九城市调查 [J]. 河北法学，2011（7）.

给予法律上平等的而实际执行难度更大的保护。① 致使劳动合同相关内容得不到落实，劳动合同全面履行原则贯彻落实不到位，工资水平偏低、拖欠工资、工作条件差、工时过长及工伤赔偿不到位等问题时常出现。2021年全国各级劳动人事争议调解组织和仲裁机构共办理劳动人事争议案件263.1 万件，涉及劳动者285.8 万人，涉案金额576.3 亿元。② 基于上述问题可以发现：劳动合同制度要求劳动者与用人单位应当在平等、自愿、协商的基础上依法订立、履行、变更、解除和终止劳动合同。然而，劳动者与用人单位建立劳动关系，签订了劳动合同建立契约关系时，并不代表劳动合同制度合理、有效地实施、执行，也不代表劳动者对劳动合同制度实施、执行的信任。劳动合同制度形式上执行，实质上不执行或选择性执行，进一步引发一个严峻而容易被忽略的问题，即劳动者对劳动合同制度的不信任。

信任是人类社会生活的根基，它就像空气对于生命一样重要，如果没有信任，我们认为理所当然的日常生活必将无法继续。③ 信任也是社会交往生活最根本的基础，社会良性运行的润滑剂，有助于社会秩序的有效运作与维持。在社会转型时期，市场经济快速发展，人们交往半径不断扩大，传统基于关系、情感的信任无法适用于匿名性强、风险度高、时空被高度压缩的现代社会。信任由人与人之间的人际信任，走向人与制度之间的制度信任，基于制度的信任逐渐取代以往由情感和血缘、地缘和业缘关系连接的特殊主义取向的信任模式，而成为契合当代市场经济潮流并顺应

---

① 李丁，张耀军，巫锡炜，余丹林. 政策执行与市场分割：《劳动合同法》长期影响的异质性研究 [J]. 开放时代，2021 (5).

② 中华人民共和国人力资源和社会保障部. 2021 年度人力资源和社会保障事业发展统计公报 [R/OL]. http：//www.mohrss.gov.cn/xxgk2020/fdzdgknr/ghtj/tj/ndtj/202206/t20220607_452104.html.

③ Good D. Individuals, Interpersonal Relations, and Trust [M] //Gambetta, D. Trust：Making and Breaking Cooperative Relations. New York：Blackwell, 1988：31.

社会发展的主流信任模式。① 在当前中国社会中，虽然健全、完美的制度并不存在，但随着法制的不断健全，制度仍是现代社会的最优选择，是最小熵化的有效手段。② 制度信任是社会有序运行的"最小信任"，能够降低交往的不确定性，减少社会复杂性，是具体制度有效实施的"软条件"。制度信任的建立具有稳定、牢固、持久特征，是制度合法性权威的更高层次。

中国的劳动合同制度是确立劳动者与用人单位之间稳定和谐的劳动关系，以通过劳动合同明确双方权利和义务，保护双方合法权益的一套规则、规范体系。劳动合同制度通过《劳动法》和《劳动合同法》确立起制度的权威基础和信任条件。然而自劳动合同制度实施以来，劳动合同的订立、履行和变更、解除和终止中出现的各种问题和纠纷，使劳动者对劳动合同制度的信任度不断下滑，甚至有劳动者因为对制度的"不信任"而选择放弃通过劳动合同制度维护自身权益机会，出现制度信任危机。劳动者对劳动合同制度的信任，特别是对劳动合同制度实施过程的信任，影响甚至决定劳动者是否签订劳动合同，是否通过制度规则保障劳动权益，进而影响劳动合同制度的顺利实施。那么，健全和完善劳动合同制度，促进和谐稳定劳动关系，需要应对和解决劳动合同制度自身的缺陷和制度执行即制度化过程中存在的问题，从而保障劳动合同制度规范的客观合理性，以及制度实施、执行的合法性、有效性。建立劳动合同制度的权威，促进制度顺利实施，还需要考量受制度约束的主体对制度的主观接受、认可和信任，建构劳动合同制度实施的主观基础。劳动合同制度的受约束主体即劳动者对劳动合同制度的主观评价，特别是对劳动合同制度规范、劳动合同制度化过程的信任态度和评价，是实施劳动合同制度的重要影响因素，成为建立稳定的劳动力市场秩序的重要条件，是建立起对劳动合同制度的信

① 周怡. 信任模式与市场经济秩序——制度主义的解释路径 ［J］. 社会科学，2013（6）.

② ［英］玛丽·道格拉斯. 制度如何思考 ［M］. 张晨曲，译. 北京：经济管理出版社，2013：60.

心，维持相互信赖的劳动关系的重要内容，更是建构劳动合同制度稳定、巩固长久的合法性权威的主观基础。

中国改革开放的深入和市场经济的发展使中国信任结构面临巨大的变化。中国传统社会主要依赖于私人信任，到了现代社会，则更多地体现为系统信任或制度信任。① 随着社会的发展，对制度的要求逐渐呈现出来。制度层面的法律法规和规章制度按照制度规则指导和约束社会成员的行为，并通过正式的惩罚措施和手段对违背制度约定的社会成员进行惩罚，将信任制度化，产生对制度规则的信任，以制度来维持对社会的信任。同时在信任的维持过程中，社会成员也会自觉或不自觉地将制度内化，从而反过来主动维持对制度的信任。目前中国的各项法律和法规在不断完善，但制度在实施、执行中仍存在一些制度失灵、异化、矛盾、冲突等问题，造成人们信任制度行为得不到有效的成功保证或所需成本太高，② 导致以法律、规章等制度为保障的制度信任尚未完全建立起来。从中国信任机制因社会变化而变化的角度看，制度信任目前处在一种正在转化、有待充分形成的时期。③ 制度是社会运行机制的重要构件，建立起对制度的信任成为中国目前面临的非常重要的难题。

二、研究目的

作为维持城市劳动力市场秩序的基本制度保障，劳动合同制度的顺利实施、执行，离不开劳动者对劳动合同制度的信任。人们对信任对象的可靠性预期和信念，是影响其当下和未来行动方向、策略选择的重要因素。劳动者对劳动合同制度的信任情况，影响甚至决定劳动者未来是否签订劳动合同、是否遵守劳动合同制度规则、是否通过劳动合同制度保障自身劳动权益，进而影响和谐劳动关系的建立和劳动力市场秩序的稳定。

本书主要从信任和制度信任理论出发，考察劳动合同制度信任的现

---

① 郑也夫. 信任论 [M]. 北京：中国广播电视出版社，2015：63.
② 薛天山. 人际信任与制度信任 [J]. 青年研究，2002（6）.
③ 徐贲. 承诺、信任和制度秩序 [J]. 学术论衡，2005（2）.

状，探讨其影响因素，并在此基础上分析和讨论制度信任的规律和建构条件。具体而言，主要的研究目的：一是考察企业员工劳动合同制度信任的水平和特征，分析不同特征企业员工劳动合同制度信任的差异，了解和掌握劳动合同制度信任的现状；二是从制度信任产生的现实背景和理论依据出发，深入、系统地分析主体的"制度体验"与劳动合同制度信任的关系，探析主体的"制度体验"对劳动合同制度信任的直接影响作用、中介作用以及对劳动合同制度信任影响的综合作用路径，探讨影响制度信任产生的作用因素；三是从企业员工对劳动合同制度的主观信任角度分析和讨论劳动合同制度实施现况以及存在的问题；通过主体的"制度体验"对制度信任的具体影响作用，探索制度信任的规律和建构条件，并进一步思考和讨论社会生活中的"社会体验"影响信任的规律和意义。

三、研究意义

社会秩序的建构与维持是社会学的古典议题。信任是良性社会运行所需要的重要社会资本，能够促进人与人之间的相互信赖，降低社会的无序与混乱，是构成社会秩序和维持社会稳定的必备条件。① 在日常世界的熟悉的基础上，信任主要是人际信任，它被用来克服他人行为中的不确定性因素；在现代社会陌生的、外在环境中，信任主要是制度信任，它有助于简化社会的复杂性和适当规避风险，促进普遍信任的建立，是现代社会重要的信任类型。信任、制度信任是社会学学术界关注的热点，对一项具体社会制度的信任问题研究，有助于发现和解决制度实施、执行中存在的问题，为探索制度信任的建构途径，建立起制度信任提供政策理论依据。

本书的实践意义在于：一方面，通过对制度的整体信任状况、对制度不同方面的信任差异的分析，反思制度实施、执行的客观状况、特征和差异，使制度问题的全貌及特征清晰显现，为加强政府部门对制度实施问题

---

①　慈勤英，赵彬. 论社会建设中的信任机制问题 [J]. 湖南社会科学，2014 (5).

的综合了解和掌握，优化和完善相关政策提供依据；另一方面，从"制度体验"和"社会体验"角度分析影响制度信任和信任产生、形成、改变的因素，探索制度信任和信任提升的方向和路径，为建立起制度信任和信任提供参考和借鉴。理论意义体现为：在信任和制度信任的相关理论指导下，一方面，以一项具体社会制度为研究切入点，对制度本身的信任展开实证研究，有助于丰富和补充对制度本身信任的研究基础，为制度信任研究提供经验支持；另一方面，从信任主体在社会生活实践、制度环境中具体的感受、认知、评价——主体的"制度体验"的角度分析制度信任的影响机制，提出主体的"制度体验"因素对制度信任研究的重要意义，为研究制度信任的复杂影响因素，提供了一个有价值、有意义的研究视角，进一步推进和拓展制度信任的理论研究。同时基于主体的"制度体验"与制度信任关系的分析视角和研究结论，深入剖析信任的若干影响因素中所涉及或包含的"社会体验"内容，提出"社会体验"对信任研究的普遍规律，深化对信任来源的认识，丰富和完善信任理论。

第二节　文献回顾

目前学界关于劳动合同制度方面的研究主要是从法律角度分析、探讨《劳动合同法》的法理、法律条文、法律责任等问题，关于劳动合同制度的信任研究十分稀少，对制度信任问题的实证研究文献也只有寥寥数篇。本书围绕研究主题所涉及的主要文献，对制度研究、信任研究、制度信任研究展开文献梳理。

一、制度研究综述

（一）制度研究

从日常话语层面对制度的常识性认识，到学术层面对制度内涵的界定，人们关注的角度和问题不同，对制度的理解莫衷一是，制度概念的定义存在很大分歧。正如柯武刚、史漫飞所说，"文献中的'制度'一词有着众多和矛盾的定义。不同学派和时代的社会科学家们赋予这个词以如此之多可供选择的含义，以至于除了将它笼统地与行为规则联系在一起外，已不可能给出一个普适的定义来"。① 周雪光提出，"在社会科学研究，制度通常指稳定重复的、有意义的符号或行为规范。在这个意义上，制度包括正式组织、规章制度、规范、期待、社会结构等"。② 大致而言，学界对制度概念的理解包含三种取向：一是制度具有结构性、系统性特征，制度是超越个人的社会结构；二是将制度视为一类运行的组织；三是制度是一系列的规则、规范，是一套约束人行为的规范体系。

1. 作为社会结构的制度

以制度为对象的相关研究中，有一种比较模糊，但却能整体上深刻地对制度概念进行诠释的取向——制度即社会结构。这种研究取向认为，制度表征着人们之间关系的某种结构性和秩序性特征。③ 这个结构或许是正式的立法机关、公共官僚机构或者法律框架，或许是非正式的互动网络或一套共享规范。④

迪尔凯姆（Durkheim）是社会学领域最早研究制度的学者，他把社会学称为"制度的科学"。迪尔凯姆认为社会力量和制度本质之间存在着密切的关联，"制度是超越个人客观存在的社会事实，这一社会事实是从整体上指导、约束社会行动者的社会结构"。⑤ 吉登斯（Giddens）认为，制度是社会中跨越时间和空间的互动系统。吉登斯用类似"在社会中经历了

---

① ［德］柯武刚，史漫飞. 制度经济学［M］. 韩朝华，译. 北京：商务印书馆，2000：32.

② 周雪光. 西方社会学关于中国组织与制度变迁研究状况述评［J］. 社会学研究，1999（4）.

③ 李松玉. 制度权威研究：制度规范与社会秩序［M］. 北京：社会科学文献出版社，2005：25-26.

④ ［美］B. 盖伊·彼得斯. 政治科学中的制度理论："新制度主义"［M］. 王向民，段红伟，译. 上海人民出版社，2011：18.

⑤ ［法］埃米尔·迪尔凯姆. 社会学方法的准则［M］. 狄玉明，译. 北京：商务印书馆，1995：19.

时空后的深层次沉淀"来说明，只有当规则和资源被再生产，而经历长时段且在明确空间点时，才能说明制度存在于社会之中。① 青木昌彦从博弈论角度，将制度概括为"关于博弈重复进行的主要方式的共有理念的自我维系系统。制度作为共有理念的自我维系系统，其实质是对博弈均衡的扼要表征（summary representation）或信息浓缩（compressed information），它作为许多可能的表征形式之一，起着协调参与人的理念的作用……制度可能表现为明确的、条文化的符号形式，如成文法、协议或系统界定社会不同角色的社会结构"。②

2. 作为组织形态的制度

正式的、书面的、明确的、严格的规章制度是组织的重要构成要素，有学者认为组织与制度一样，组织也为人们的相互交往提供某种结构，如法院制度也常常被称为法院结构，政府制度也被说成是政府结构等。③ 因此有学者将制度与组织等同为一个概念，认为制度是一个或一类运行的组织。

康芒斯（Commons）认为，"制度——这三种类型的交易（买卖的交易、管理的交易和政府的交易）合在一起成为经济研究上的一个较大的单位，根据英美的惯例，这叫做'运行中的机构'。这种运行中的机构，有业务规则使得它们运转不停；这种组织，从家庭、公司、工会、同业协会、直到国家本身，我们称为制度"。④ 舒尔茨（Schultz）也持"组织就是制度"的观点，认为在谈论制度类型时，"把合作社、公司、飞机场、

---

① [美] 乔纳森·H. 特纳. 社会学理论的结构（第7版）[M]. 邱泽奇，张茂元，译. 北京：华夏出版社，2006：454.

② [日] 青木昌彦. 什么是制度？我们如何理解制度？[J]. 周黎安，王珊珊，译. 比较制度分析，2000（6）.

③ [美] 道格拉斯·C. 诺斯. 制度、制度变迁与经济绩效 [M]. 杭行，译. 上海：格致出版社，2014：5；何俊志. 结构历史与行为——历史制度主义的分析范式 [J]. 国外社会科学，2002（5）.

④ [美] 约翰·R. 康芒斯. 制度经济学 [M]. 于树生，译. 北京：商务印书馆，1962：86.

学校和农业试验站等各种组织都当做制度"。① 西伦（Thelen）通过例举方式定义制度，"制度是对行为起构造作用的正式组织、非正式规则及与之相关的程序。制度范围从现实的正式政府结构（立法机关）到具体法律制度（选举法），以及无形的社会制度（社会阶级）"。② 运行中的机构乃至各种社会经济组织形式，企业和国家本身都被看成是一种制度，有助于我们以更为广阔的视野认识制度，看到制度实体性的一面。③

3. 作为规范体系的制度

将制度视为社会结构或组织的两种研究取向中，两种制度概念的表述、理解和阐释都包含了制度的规则、规范内涵。制度告诉人们能够、应该、必须做什么或是相反，制度作为一个规范范畴，这是所有对制度的最没有争议的一个判断。

旧制度经济学的代表人物凡勃伦（Veblen）将制度界定为"个人或社会对有关的某些关系或某些作用的一般思想习惯。而生活方式所由以构成的是，在某一时期或社会发展的某一阶段通行的制度综合，因此从心理的方面来说，可以概括地把它说成是一种流行的精神态度或一种流行的生活理论"。④ 新制度经济学关注制度的正式规则、规范意涵，提出制度是一种行为规则体系。新制度经济学代表学者诺斯（North）将制度界定为"一个社会的博弈规则，或者更规范地说，它们是一些人为设计的、形塑人们互动关系的约束。从而制度构造了人们在政治、社会或经济领域里交换的激励"。⑤ 制度旨在约束追求主体福利或最大化利益的个人行为。⑥ 柯武刚、

---

① 袁庆明. 新制度经济学教程 [M]. 北京：中国发展出版社，2011：285.

② 陈氚. 制度概念的歧义与后果 [J]. 湖南师范大学社会科学学报，2013（2）.

③ 辛鸣. 制度论——哲学视野中的制度与制度研究 [D]. 北京：中共中央党校，2004.

④ [美] 凡勃伦. 有闲阶级论 [M]. 蔡受百，译. 北京：商务印书馆，2012：139.

⑤ [美] 道格拉斯·C. 诺斯. 制度、制度变迁与经济绩效 [M]. 杭行，译. 上海：格致出版社，2014：3.

⑥ [美] 道格拉斯·C. 诺斯. 经济史中的结构与变迁 [M]. 陈郁，罗华平，等译. 上海：上海三联书店，上海人民出版社，1994：226.

史漫飞给制度下了一个与诺斯相似的定义，"制度是在社会生活中形成的对行为具有约束作用的一套规则和规范体系，其作用在于抑制可能出现的任意行为和机会主义行为"。① 理性选择制度主义也关注制度的规则内容，把制度界定为规则的集合，组织与制度中的所有成员都同意遵循那些规则，以此交换他们作为结构的成员所能获得的利益。② 从政治学的角度，罗尔斯（Rawls）给了制度一个简明的定义："我要把制度理解为一种公开的规范体系。"③ 马奇（March）和奥尔森（Olsen）将政治制度定义为："制度是相互关联的规则和惯例的集合体，它们从个体角色与周围环境的关系角度界定适当的行动。"④ 社会学家韦伯（Weber）在对法律制度的研究中提出，制度应是任何一定圈子里的行为准则，所以要研究人们服从它的事实以及服从它的方式，并认为这种制度应该称为惯例、法律。⑤

（二）制度化研究

制度化是制度研究中的一个重要问题，与制度概念一样，制度化概念因学者们研究领域、方向的不同，关注问题的不同，而无法得到一个统一的定义。制度化是从规则到行为等一系列社会中的范畴、现象实现规范化、常态/持续化、通约化的过程。⑥ 学界对制度化的理解、阐释大致而言有三个取向。

---

① ［德］柯武刚，史漫飞. 制度经济学［M］. 韩朝华，译. 北京：商务印书馆，2000：116.

② ［美］B. 盖伊·彼得斯. 政治科学中的制度理论："新制度主义"［M］. 王向民，段红伟，译. 上海：上海人民出版社，2011：115.

③ ［美］约翰·罗尔斯. 正义论［M］. 何怀宏，何包钢，廖申白，译. 北京：中国社会科学出版社，1988：50.

④ ［美］B. 盖伊·彼得斯. 政治科学中的制度理论："新制度主义"［M］. 王向民，段红伟，译. 上海：上海人民出版社，2011：30.

⑤ ［德］马克斯·韦伯. 经济与社会（上）［M］. 林荣远，译. 北京：商务印书馆，1997：64.

⑥ 郁建兴，秦上人. 制度化：内涵、类型学、生成机制与评价［J］. 学术月刊，2015（3）.

一是强调制度规范的产生和形成过程，认为制度化是制度规范从无到有，从不完善、不健全到不断完善、健全的趋向、过程。惠耕田将制度化理解为制度本身的制度化，这里的制度是国际合作的制度规范，制度化是"国际合作制度从国际准则到国际机制再到国际组织的发展过程"。① 迈耶（Meier）和罗恩（Ron）提出，"制度化规则是建构于社会中的相互影响和增强的典型或理解之类别。这种规则可能被人们视为当然的事实而广为接受，可能获得公众意见或法律的支持"。② 理性主义者奈特（Knight）讨论了三种制度化的模型：首先，制度产生自逐渐演进的习俗和规范；其次，更接近理性选择流派的分析策略，制度来自于交易和市场中建立均衡的需要；最后，制度的出现可能来自于讨价还价。③ 温特（Vinter）探讨国际体系规范如何被国家普遍遵守的问题时，提出规范被不同国家内化的制度化机制，认为内化决定了规范实现的方式，决定了这种规范是否可以长时间的稳定，其中强迫、利己和合法性反映了规范得以内化的三种程度。④ 韦森认为制度化是从个人的习惯（usage）→群体的习俗（custom）→习俗中演化出来的惯例规则（convention）→制度（formal rules, regulations, law, charters, constitution）这样一个动态逻辑发展过程。⑤

二是从制度主体行为的角度或制度与主体行为之间关系的角度，对制度化进行思考和分析，认为制度化是在制度实施、执行过程中，制度主体行为模式化、定型化的趋向、过程。制度主体既包含制度执行主体（国

---

① 惠耕田. 制度、制度化与国际合作的再解释 [J]. 国际论坛，2009（4）.

② ［美］约翰·迈耶，布利安·罗恩. 制度化的组织：作为神话与仪式的正式结构 [M] // ［美］沃尔特·W. 鲍威尔，保罗·迪马吉奥. 组织分析的新制度主义. 姚伟，译. 上海：上海人民出版社，2008：46.

③ Knight J. Models, Interpretations and Theories：Constructing Models of Institutional Emergence and Change [M] //J. Knight, I. Send. Zxplaining Social Institutions. Michigan：University of Michigan Press, 1998：95-119.

④ ［美］亚历山大·温特. 国际政治的社会理论 [M]. 秦亚青，译. 上海：上海世纪出版集团，2008：278-293.

⑤ 韦森. 从习俗到法律的转化看中国社会的宪制化进程 [J]. 制度经济学研究，2003（2）.

家、政府、组织），也包含接受、遵守制度执行的主体即受约束主体。

关于制度执行主体的行为制度化。赵树凯对政府的制度化机制进行分析，认为政府制度化体现在规则体系和行为模式两个方面，其中政府内部行为模式的制度化强调"在政府内部形成按照规则体系办事的过程……政府内部较高的制度化表现为不同层级政府之间，政府的不同部门之间，能够保持目标和行为的一致性，使得政府能够像一个有机整体在行动，特别是中央政府和基层政府的这种一致性"。① 严霞和王宁通过一个个案研究，分析某些政府公职人员"公款吃喝"现象背后的隐性制度化问题，发现这种"公款吃喝"现象的隐性规则虽然没有成文的明确规定，但却成为某些成员共享的缄默的一种"行为规范"。经过一部分组织成员的不断实践，在某种程度上"公款吃喝"这种偶发的行为逐渐变成一种具有内部合法化的普遍化的行为方式，构成了政府组织中的一项隐性非正式制度，这一过程可以称为隐性制度化过程。② 杰普森（Jepsen）在探讨组织的制度化问题时，认为"制度是一种组织化的、已经确立的正式程序，这些具体的程序经常表现为持续性的社会规则，制度化意味着程序获得的过程……制度体现了组织自上而下的'程序化的活动'。进而制度化的程序使行动者之间产生可预期的联接关系或者产生'可预测的相互期待'"。③ 马奇和奥尔森认为制度化强调组织、社会秩序和社会结构对制度规范、制度体系中人们行为角色的理解。制度化是行为在制度规范基础上获得结构化、常规化的过程。④

对受约束主体的行为制度化。丁志刚、泽慧认为制度化是制度在社会

① 赵树凯. 农村问题与政府制度化［J］. 发展论坛，2008（3）.

② 严霞，王宁. "公款吃喝"的隐形制度化——一个中国县级政府的个案研究［J］. 社会学研究，2013（5）.

③ ［美］罗纳尔德·L. 杰普森. 制度、制度影响与制度主义［M］// ［美］沃尔特·W. 鲍威尔，保罗·迪马吉奥. 组织分析的新制度主义. 姚伟，译. 上海：上海人民出版社，2008：155-160.

④ March J G, Olsen J P. The Institutional Dynamics of International Political Orders［J］. International Organization，1998（4）.

成员身上的内化，使社会成员对有规范和约束作用的制度形成价值上的认同。① 郭景萍认为制度化包括两方面：一方面是社会规范的建构，在人们社会互动中逐渐地走向正规化、合理化、系统化；另一方面是社会规范的内化，普遍被社会成员所认同、接受和践行，两者缺一不可。② 郁建兴和秦上人从内容指向上理解制度化本质，他们认为"制度化的内容包括三个方面：约束性指向、持续性指向和通约性、扩散性指向。约束性强调对受约束行为主体的行为被约束、规训、裁剪；持续性刻画行为的持续性和再生产；通约性、扩散性强调行为的认同、模仿"。③ 伯恩斯（Burns）与斯凯本斯（Scapens）通过行动与制度规范的多阶段互动，构建了管理会计领域的制度化模型（见图1-1）。制度化模型包含共时和历时两个因素，一方面制度在同一时间约束和形塑行动；另一方面重复的行动再生产着惯例和规则，使不同利益关系的行动者行为变得一致，制度化得以实现。④

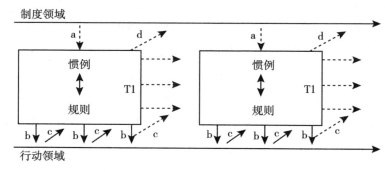

注：a=编码，b=执行，c=复制，d=完成制度化

图1-1　伯恩斯与斯凯本斯的制度化模型

① 丁志刚，泽慧. 论国家制度化治理与国家治理现代化［J］. 新疆师范大学学报（哲学社会科学版），2021（1）.

② 郭景萍. 情感是如何制度化的？［J］. 社会科学，2006（4）.

③ 郁建兴，秦上人. 制度化：内涵、类型学、生成机制与评价［J］. 学术月刊，2015（3）.

④ Burns J，Scapens R W. Conceptualizing Management Accounting Change：An Institutional Framework［J］. Management Accounting Research，2000（11）.

　　三是强调制度化的完成结果或效果，即如何标识、评价、判断行为主体的行为模式化和定型化的结果或效果。艾森施塔特（Eisenstadt）认为"制度本质上是角色的集合，个人或充分或不充分地行使这些角色。这些角色的预期足够清楚，个人扮演的角色不再模糊，那么可以说制度化已经发生了，对角色的理解和扮演能够反映制度化的结果或效果"。① 亨廷顿（Huntington）关注政治制度的制度化程度，提出测量组织制度化程度的四项准则：一是适应性，是后天获得的组织性，反映组织适应环境挑战的能力和存活能力，组织和程序的适应性越强，制度化程度越高；二是复杂性，复杂性具有两种含义，一方面强调组织必须具有数量庞大的下属组织，从上到下，隶属明确，职责不同；另一方面这个组织不同类型的下属组织各具高度专门化水平，一个组织越复杂，其制度化程度越高；三是自主性，组织和程序独立于其他社会组织而生存的程度，组织自主性越强，制度化程度越高；四是凝聚性，组织的团结程度和内聚力，一个组织越团结，越具有内聚力，其制度化程度也就越高。② 胡晓燕认为制度化是建立规则并适用规则的社会过程，是社会行动和社会关系的规则化，它包括一套交往规范、价值标准，以及角色的固化、实体化，是社会关系的比较稳定的和持续性的组合。制度化的程度体现为社会关系的程序化、规则化和规范化水平，制度化程度应该通过是否按照规章制度办事，按照既定程序办事来测量。③

二、信任研究综述

（一）信任的内涵

　　信任是一个相当复杂的心理与社会现象，涉及很多层面和维度。中西

　　① ［美］B. 盖伊·彼得斯. 政治科学中的制度理论："新制度主义"［M］. 王向民，段红伟，译. 上海：上海人民出版社，2011：109.

　　② ［美］塞缪尔·P. 亨廷顿. 变革社会中的政治秩序［M］. 李盛平，杨玉生，译. 北京：华夏出版社，1988：12-13.

　　③ 胡晓燕. 社会转型的制度化阐释及其治理反思［J］. 探索，2009（5）.

方学者从不同领域对信任进行研究，对信任作出不同界定和解释，但没有一个共同认可、普遍接受的定义。学界关于信任的理解和解释大致包含五种取向：第一，将信任理解为个人人格特质的表现，信任是一种经过社会学习而形成的相对稳定的人格特点；第二，将信任理解为对情境的反应，信任是由情境刺激决定的个体心理和行为；第三，将信任理解是人际关系的产物，信任是人际关系中人与人之间的情感联系、理性计算的人际态度；第四，将信任理解为社会制度的产物，信任是建立在理性的法规制度基础上的一种社会现象；第五，将信任理解为文化规范的产物，信任是建立在道德和习俗基础上的一种社会现象。①

五种研究取向中，前两个取向是个人心理层面的信任，第三个取向是人际关系层面的信任，第四、五个取向是社会系统层面的信任。个人心理层面的信任是心理学者以信任的心理状态和对环境的反应为焦点，对信任中个体心理特质的分析。人际关系和社会系统层面的信任，是经济学、社会学家从社会关系和社会结构角度，对社会个体之间的人际信任、大规模社会群体之间的社会系统信任的研究。学者们对信任研究的关注点不同，对信任概念的界定和解释莫衷一是，依据不同的研究层面，梳理和总结不同学科、研究取向的信任定义，是准确理解信任、开展信任研究的前提。

1. 个人心理层面的信任

心理学者认为研究信任关系能否建立，需要研究信任者的人格特质或信任者对其他社会成员的一般性信念或态度。② 艾里克森（Erikson）将信任界定为"对他人的善良所抱有的信念或指一种健康的人格品质，是人们对意向因素的内部期待"。③ 吉姆（Kim）认为信任意愿（自己愿意处于易

---

① 彭泗清. 关系与信任：中国人际信任的一项本土研究［M］//中国社会学年鉴（1995—1998）. 北京：社会科学文献出版社，2010：290-297.

② 翟学伟，薛天山. 社会信任：理论及其应用［M］. 北京：中国人民大学出版社，2014：5.

③ Erikson E H. Childhood and Society［M］. New York：N. Y. Norton, 1950：73-82.

受对方影响的风险状态）和信任信念（对对方可信度的判断）是信任的两个关键要素，在此基础上将信任定义为"在违背发生后、旨在使信任方的信任信念和意愿更加积极的活动"。① 赖兹曼（Wrightsma）将信任界定为"个体特有的对他人的诚意、善良及可信性的普遍可靠性的信念"。② 卢梭（Rousseau）等认为"信任是一种心理状态，它基于对对方行为意图的积极期望而愿意接受由此带来的风险"。③ 怀特（White）强调信任是"一种与行动相联系的信念，涉及对别人以某种方式行动或不行动的可能性的信念"。④

也有心理学者从行为的角度来分析信任，认为信任是由情境刺激决定的个体行为。信任被视为对情境刺激的反应行为，暗示了个体对他人采取信任关系的行为与否依赖于环境刺激作出的判断，而这种判断不一定会带来理性的行为。多依奇（Deutsch）认为"信任是期待某件事的出现，并相应地采取一种行为"。在不同情境中个人选择信任或不信任，受到情境因素的影响，当采取行为的结果与他的预期相反时，所带来的负面心理影响要大于其结果与预期相符时所带来的正面心理影响。⑤ 霍斯默尔（Hosmer）将信任定义为"个体在面临一个预期的损失大于预期的收益的不可预料事件时，所做出的非理性选择行为"。⑥ 行为主体面对不确定性所带来的风险难以准确度量的情况时，信任表现为放弃追求个人效用最大化的理性选择，做出其他的选择。

---

① Kim P H, Dirks K T, Cooper C D. The Repair of Trust: A Dynamic Bilateral Perspective and Multilevel Conceptualization [J]. Academy of Management Review, 2009, 349 (3).

② 郑也夫. 信任论 [M]. 北京：中国广播电视出版社, 2015：16.

③ Rousseau D M, Burt R S, Sitkin S B, Camerer C. Not So Different After All: A Cross-discipline View of Trust [J]. Academy of Management Review, 1998 (23).

④ [英] 帕特丽夏·怀特. 公民品德与公共教育 [M]. 朱红文, 译. 北京：教育科学出版社, 1998：70.

⑤ Deutsch M. Trust and Society [J]. Journal of Conflict Resolution, 1958 (2).

⑥ Hosmer L T. Trust: The Connection Link between Organizational Theory and Philosophical Ethics [J]. Academy of Management Review, 1995, 20 (2).

2. 人际关系层面的信任

个人心理层面的信任研究关注信任者的主动性，强调信任主体在社会环境选择和使用信任形式时自己所起的作用。社会学、经济学者发现，人际交往中信任是人际交往的产物，它基于人际交往关系中的情感关联和理性计算，是在交往与互动中产生的一种社会事实而非个人的心理现象。①

罗特（Rotter）将人际信任界定为"个体对另一个人的言词、承诺以及口头或书面的陈述为可靠的一种概括化的期望"。②穆尔曼（Moorman）等认为"信任是人们对一个自己有信心的人心甘情愿的依赖"。③什托姆普卡（Sztompka）认为个人不会对自己的行动赋予信任，信任是指向他人的行动，因此将信任定义为"相信他人未来的可能行动的赌博"。④陈介玄、高承恕提出信任是一种由人际关系中衍生出来的"人际信任"，亦即是一种针对与特定的个人亲近、熟悉度所衍生出来的信任，这种信任是人情付出与理性计算的结果。⑤杨中芳、彭泗清认为人际信任是在人际交往中，双方对对方能够履行他所被托付之义务及责任的一种保障感。用日常用语来说就是"放心"，不必提心吊胆，担心对方会不会照自己所期望、所托负而"为自己"做事。⑥张建新等将人际信任界定为"人际交往的一方在'或合作或竞争'的不确定条件下，预期另一方对自己做出合作行为

---

① Lewis J D, Weigert A. Trust as A Social Reality [J]. Social Forces, 1985, 63 (4).

② Rotter J B. A New Scale for the Measurement of Interpersonal Trust [J]. Journal of Personality, 1967 (35).

③ Moorman C, Zaltman G, Deshpande R. Relationships Between Providers and Users of Market Research: The Dynamics of Trust Within and Between Organizations [J]. Journal of Marketing Research, 1992 (19).

④ [波] 彼得·什托姆普卡. 信任：一种社会学理论 [M]. 程胜利，译. 北京：中华书局，2005：31.

⑤ 陈介玄，高承恕. 台湾企业运作的社会秩序：人情关系与法律 [J]. 东海学报，1991 (32).

⑥ 杨中芳，彭泗清. 中国人人际信任的概念化：一个人际关系的观点 [J]. 社会学研究，1999 (2).

的心理预期"。① 杨宜音对人际信任的定义是"个体对交往对方的合作性动机与行为、行为与角色规范之间出现因果连带的可靠性预期"。②

对于人际关系层面的信任，也有学者分析交换关系中的信任情况，认为信任可能源于人们为了规避风险、减少交易成本的一种理性计算。科尔曼（Coleman）提出，理性人在决定是否给予信任时，会考虑两个影响因素，获得的利益和可能遭受的损失，如果受托人可靠的概率与其不可靠的概率之比大于可能所失与可能所得之比，理性行动者将决定给予信任。③因此信任产生于委托人在没有得到受托人在任何承诺的情况下，当预期获得的利益大于可能的损失的情况时，自愿把某些资源给予受托人的行动。④威廉姆森（Williamson）认为组织内和组织之间存在某种算计性信任，算计性信任是风险的一个子集，交易者信任贸易伙伴，因为是按照交易者的利益行事，交易者有充分信息表明贸易伙伴可能充分行事，同时有保护措施保证可信的承诺。⑤ 哈丁（Hardin）认为"就某一事情而言，说我信任你，意味着关于该事情我有理由期望你为了我的利益行事……因为你的利益包含我的利益，因此信任是一种交换关系"。⑥

3. 社会系统层面的信任

与人际关系层面的信任相对应，学者们提出了在大规模社会群体之间的社会系统层面的信任类型即系统信任，或称为普遍信任、制度信任。

韦伯将信任划分为特殊信任和普遍信任两种类型，其中普遍信任建立

---

① 张建新，张妙清，梁觉. 殊化信任与泛化信任在人际信任行为路径模型中的作用 [J]. 心理学报，2000（3）.

② 杨宜音. 自己人：信任建构过程的个案研究 [J]. 社会学研究，1990（2）.

③ [美]詹姆斯·S. 科尔曼. 社会理论基础（上册）[M]. 邓方，译. 北京：社会科学文献出版社，2008：93.

④ [美]詹姆斯·S. 科尔曼. 社会理论基础（上册）[M]. 邓方，译. 北京：社会科学文献出版社，2008：116-117.

⑤ 翟学伟，薛天山. 社会信任：理论及其应用 [M]. 北京：中国人民大学出版社，2014：76.

⑥ Hardin R. The Morality of Law and Economics [J]. Law and Philosophy, 1992, 11（2）.

在契约基础上，以法律和正式的规章制度为保障的信任关系，这种信任关系的确立不以情感的存在为前提。① 卢曼（Luhmann）认为制度信任是对维持社会信任机制的信任，是人们对于国家组织、正式的规章制度的信心。制度信任存在于个体行动者与系统，以法律的惩罚或预防机制来降低社会交往的复杂性。② 巴伯（Barbara）认为信任以社会秩序为基础，是"一种对自然和道德秩序的坚持和履行的期望"。③ 祖克尔（Zuker）将信任划分为基于声誉而产生的信任、基于社会相似性的信任、基于制度的信任三种类型，其中制度信任是"在特定法律制度、社会规范基础上形成的，反映的是由于担保、安全保障措施或其他机制的存在，一个人感到环境的安全性"。④ 吉登斯对现代性信任的定义包含制度信任内涵，认为信任是"对一个人或一个系统可靠依赖性所持有的信心，在一系列给定的后果或事件中，这种信心表达了对诚实或他人的爱的信念，或者，对抽象原则（技术性知识）之正确的信念"。⑤ 福山（Fukuyama）探索信任背后的历史文化、宗教信仰意涵，他认为信任是"在正式的、诚实和合作行为共同体内，给予共享规范的期望"。⑥张静认为信任由对当事人的信任和对维持生活信任机制的信任两部分组成，信任的维持包含三种机制即人际约束（关系约束）、组织约束和制度约束，其中人际和组织约束监督的边界有限，制度监督、约束在现代社会具有重要作用。⑦ 郑也夫认为"信任是一种态

① ［德］马克斯·韦伯. 中国的宗教：儒教与道教［M］. 康乐，简惠美，译. 桂林：广西师范大学出版社，2005：15.

② Luhmann N. Trust and Power［M］. New York：John Wiley & Sons，1979：4.

③ Barbara A M. Trust in Morden Societies：The Research for the Bases of Social Order［M］. Police Press，1996：64.

④ Zucker L G. Production of Trust：Institutional Sources of Economic Structure，1840—1920［M］//B M Staw，L Cummings. Research in Organizational Behavior，Greenwich，CT：JAI Press，1986：53-111.

⑤ ［英］安东尼·吉登斯. 现代性的后果［M］. 田禾，译. 南京：译林出版社，2000：30.

⑥ 吴士余. 走出囚徒困境——社会资本与制度分析［M］. 上海：上海三联书店，2003：202.

⑦ 张静. 信任问题［J］. 社会学研究，1997（3）.

度，相信某人的行为或周围的秩序符合自己的愿望"。①

（二）信任的影响因素

1. 信任主体的心理特质

心理学强调信任主体对其所面对的社会成员的一般性、概括性的信任信念及态度，认为信任主体稳定的人格特质是信任产生的主要来源。② 社会学者也通常假设信任倾向是信任的个人特质即"倾向于表现信任依赖于人格的系统结构"，③ 吉登斯称之为"基本信任"，④ 哈丁称之为"信任能力"，⑤ 福山称之为"固有的社会性"。⑥ 什托姆普卡认为与信任相连的期望的类型，依赖于信任主体的性格，某些人格特质可能倾向于"硬的"工具性期望，关注效率和能力；而另一些人格特质可能倾向于"软的"价值论的和基于信用的期望，关注诚实、公平、仁爱和帮助。⑦ 信任的心理特质往往与信任相关的生活经验密切相关，特别是幼年心理发育阶段的经验。⑧ 在家庭早期社会化过程中，家庭和睦，父母善解人意，家庭关系亲密温暖，信任心理特质会慢慢扎根于人格之中；分居、离婚、单亲家庭中带来的创伤不会形成信任心理特质，信任可能变成压抑的、胁迫的或

①　郑也夫. 信任论 [M]. 北京：中国广播电视出版社，2015：63.

②　杨中芳，彭泗清. 中国人人际信任的概念化：一个人际关系的观点 [J]. 社会学研究，1999（2）.

③　Luhmann N. Trust and Power [M]. New York：John Wiley & Sons，1979：5.

④　[英] 安东尼·吉登斯. 现代性的后果 [M]. 田禾，译. 南京：译林出版社，2000：77.

⑤　Hardin R. The Street-level Epistemology of Ttrust [J]. Politics and Society，1993，21（4）.

⑥　[美] 弗朗西斯·福山. 信任——社会美德与创造经济繁荣 [M]. 彭志华，译. 海口：海南出版社，2001：9.

⑦　[波] 彼得·什托姆普卡. 信任：一种社会学理论 [M]. 程胜利，译. 北京：中华书局，2005：77.

⑧　王绍光，刘欣. 信任的基础：一种理性的解释 [J]. 社会学研究，2003（3）.

瘫痪的。①

2. 信任客体的可信性

信任期望、行为可能因为个人稳定的心理特质而存在某种固定的选择趋向。但除了心理特质外，学者们也关注信任产生的客观原因和外在影响因素，从信任客体的"可信性"出发，探析不同信任客体如个人、组织、制度、系统的可信性基础。

（1）能力和品质

信任他人，一定程度上是认为信任对象主观上愿意而且客观上有条件、有能力履行其应尽的责任或义务。梅耶（Mayer）等人将个人的可信性分为能力、善意和正直三个向度，个人是否值得信任需视这个特定个人是否有能力和有诚意实现承诺。② 米什拉（Mishra）等认为，信任是对信任客体是否有能力、是否坦诚、是否能付出关怀、是否可靠的期待，信任客体的能力、品质是影响信任产生的重要因素。③ 福山在对信任概念的界定中强调，信任主体对信任客体期待的目标是彼此常态、诚实、合作的行为，信任客体诚实、合作的性格是信任期待产生的重要来源。④ 佩蒂特（Pettit）认为忠诚、善意和正直是人们产生信任，特别是激发人们产生信赖的重要原因。⑤ 什托姆普卡认为能够被期望的他人的行动需要具有下列道德品质：在道德上是负责任的；是好心的、温和的、仁慈的；是诚实的、可信的、坦白的；是公平、公正的。⑥ 杨中芳、彭泗清从信任客体可

---

① ［波］彼得·什托姆普卡. 信任：一种社会学理论 ［M］. 程胜利，译. 北京：中华书局，2005：130-131.

② Mayer R C, Davis J H, Schoorman F D. An Integrative Model of Organizational Trust ［J］. Academy of Management Review, 1995, 20 （3）.

③ Mishra J, Morrissey M A. Trust in Employee/ Employer Relationship：A Survey of West Michigan Managers ［J］. Publish Personal Management, 1990, 19 （4）.

④ ［美］弗朗西斯·福山. 信任——社会美德与创造经济繁荣 ［M］. 彭志华，译. 海口：海南出版社，2001：10.

⑤ Pettit P. The Cunning of Trust ［J］. Philosophy & Public Affairs, 1995, 24 （3）.

⑥ ［波］彼得·什托姆普卡. 信任：一种社会学理论 ［M］. 程胜利，译. 北京：中华书局，2005：71.

信性的角度将信任划分为能力信任和人品信任，认为信任客体的能力、才干、行为一致性、可靠性、动机、责任感等方面是人际信任的重要保障。①

（2）关系和情感

关系信任是人际信任中最典型、最基本的信任类型。关系信任强调信任感是通过人与人之间先天存在的"既定关系"或后天获取的"发展关系"而产生的。② 什托姆普卡认为人际信任中存在渐进的、扩展的信任的同心圆（福山所指的信任半径），每个人以自己为中心，按自己与他人的信任关系的强弱程度画出一个个圆圈，最小的信任半径覆盖家庭成员，充满着最强的亲密感和亲切感；其次是非自身认识的人的信任，我们知道他的名字，与他们以面对面的方式交往（朋友、邻居、同事、商业伙伴），这里的信任仍然涉及相当程度的亲密感和亲切感；同心圆再向外推，关系纽带松弛、信任的成分越来越淡。③ 王绍光、刘欣分析人们对家庭成员、直系亲属、其他亲属、密友、一般朋友、单位领导、单位同事、邻居、一般熟人、社会上的大多数人10类亲疏关系不同的置信对象的信任，发现人们对亲人间的信任度最强，朋友间的信任度次之，熟人间的信任度又次之，社会信任度最弱。④ 彭泗清提出了一个"关系-信任"模型，区分了三种不同的交往关系，就情感上的密切程度而言，几种主要关系类型之间的密切性排序是：与陌生人的关系<无交往的既有关系<以性格相投为特点的交往关系<以情感相融为特点的交往关系<以利益一体化为特点的交往关系。⑤

---

① 杨中芳，彭泗清. 中国人人际信任的概念化：一个人际关系的观点 [J]. 社会学研究，1999（2）.

② 刘丹. "拆迁补偿居民"投资行为中的信任——对西安市城郊 D 村居民的调查分析 [D]. 武汉：华中科技大学，2013.

③ [波]彼得·什托姆普卡. 信任：一种社会学理论 [M]. 程胜利，译. 北京：中华书局，2005：56.

④ 王绍光，刘欣. 信任的基础：一种理性的解释 [J]. 社会学研究，2003（3）.

⑤ 彭泗清. 关系与信任：中国人际信任的一项本土研究 [M] //中国社会学年鉴（1995—1998），北京：社会科学文献出版社，2010：290-297.

　　人与人之间的信任关系包含着情感、情绪方面的投资，信任主体向信任客体表达了真正的关心和关注，会期待这种关系的内在美德和情感得到相应回报。① 情感信任主要存在于先赋性关系或准先赋性关系中。先赋性关系是指基于血缘所建立的亲缘性关系，准先赋性关系是指通过地缘、联姻、情感交往等建立的扩展型关系。因先赋性关系或准先赋性关系建立起来的信任往往不以理性计算或个人得失的权衡来决定是否信任对方，而是以彼此情感的付出作为交往的依据，群体内（也即自己人）形成了一个基于情感纽带的互信共同体。这个共同体某种程度上是一个利益和命运共同体，成员之间不计得失地为对方付出，乃至可以牺牲自己的利益来维护成员或群体的利益，基于血缘和亲缘的自己人群体建立起高度的互信关系。情感信任在中国传统的家庭、家族以及当代中国的亲缘关系中都表现显著。

　　（3）收益与损失的计算

　　面对不确定、结果不可完全控制的情况，关系、情感的影响作用可能失效。信任的主体、客体的关系采取交换或博弈的形式，其中每一个参与者都被这种理性的计算所驱使，并考虑他人的相似的计算理性。② "理性信任把信任看作本质上是对被信任者通常自私自利的行为的理性预期的一种解释……信任在这里似乎是被薄膜包装起来的利益"。③ 科尔曼认为了解受托人（信任客体）是否值得信任，其重要性取决于两个影响因素：可能获得的利益和可能遭受的损失。科尔曼提出一个委托人给予信任条件的公式，公式中包括三个基本要素：一是可能给自己带来的潜在收益（G）；二是可能给自己带来的潜在损失（L）；三是成功的机会或对方可信的概率（P）。如果受托人可靠的概率与其不可靠的概率之比，大于可能所失与可

① McAllister D J. Affect-and Cognition-based Trust as Foundations for Interpersonal Cooperation in organizations [J]. Academy of Management Journal, 1995（20）.

② ［波］彼得·什托姆普卡. 信任：一种社会学理论［M］. 程胜利，译. 北京：中华书局，2005：80.

③ Hardin R. Trusting Person, Trusting Institution [M] //R. J. Zeckhauser. Strategy and Choice. Cambridge, Mass.：MIT Press, 1991：185-209.

能所得之比，即 $P/(1-P)$ 大于 L/G，理性行动者将决定给予信任；当 $P/(1-P)$ 小于 L/G 时，理性委托人应当拒绝给予信任。委托人（信任主体）是否给予信任，取决于获取的信息，信息是影响人们对成功机会估计的关键。科尔曼认为影响委托人给予受托人信任的信息有两个来源：一是受托人的实际表现；二是与委托人的地位是否相近。① 理性选择涉及损益的比较，需要恒量外部环境的变化，评价对方的动机、品性、可能的选择和可能的后果等。尽管这种根据利弊计算，降低损失可能性的决定不具备唯一的必然性，但是这种选择所依据的事实和理由合乎逻辑、与经验事实相恰，就能够促使信任主体给予信任。②

（4）过去经历中的感受、认知、经验

人们对未来具有风险性预期所做的信任判断和抉择，往往以社会生活实践、社会经历为参照，过去社会实践、社会经历中产生的感受、认知和经验是信任产生的更直接来源。卢曼认为熟悉的世界是相对简单的，而且这种简单性在相对狭窄的界限能够得到保证。在熟悉的世界中，过去胜过现在和未来，过去并不包括任何"其他可能性"，复杂性一开始就得到简化，因此熟悉将一往如故，值得信任者将再次经受考验，熟悉的世界延续至未来，未来的不确定性降低，从而产生信任期待。③ 白春阳认为信任的产生和形成是长期交往经历和经验内化的心理体现，其根源是现实的交往活动，是长期接触过程中经过多次重复博弈所形成的。信任与交往频率（次数）及延续的时间存在一种互动的正相关关系，通常交往双方交往的频率越高，越容易具有共同的经验、共同的感受，从而越容易建立起相互信任的密切关系。④ 姚琦和马华维提出，交往经历越多，越是熟悉的对象，人们越了解，对其未来行为的确定性就越大，通过社会交往经历建立起来

---

① ［美］詹姆斯·S. 科尔曼. 社会理论基础（上册）［M］. 邓方，译. 北京：社会科学文献出版社，2008：93.

② 倪霞. 论现代社会中的信任［M］. 北京：人民出版社，2014：27.

③ ［德］尼克拉斯·卢曼. 信任——一个社会复杂性的简化机制［M］. 瞿铁鹏，李强，译. 上海：上海世纪出版集团，2005：23-29.

④ 白春阳. 现代社会信任问题研究［M］. 北京：中国社会出版社，2009：17.

的熟悉，更容易产生信任判断，是信任的根本。① 齐美尔（Simmel）认为人和人的交往中，如果人们完全了解他人，对他人可能的行动完全清楚，那么信任就没有必要去发展与维系了，因为已经没有需要信任发挥作用的余地；如果个人对他人完全不了解，对他人的认知为零，那么个人也没有任何理由对对方产生信任了，因为当面对个人完全不了解的人或组织时，他做出的行为只能被称为赌博而非信任了。② 因而，个人对于他人的信任的认知基础是介于完全了解与完全无知之间的，通过一些经历，在一定了解的基础上，增加了解的阈值，才能够做出更有保障的信任抉择。

（5）社会角色

人们经常使他们信任的期望与社会角色相一致，而不是与人的能力、性情、动机和意图等具体信息相一致，角色信任与具体的角色扮演者无关，某些角色本身凭最初的印象就能唤起人的信任。因为人经常有多种角色，对每一个角色都有不同的期望产生，在一个地位他们可能是可信的，在另一个地位可能是不可信的。③ 母亲、朋友、大夫、大学教授、法官、公证人是令人信任的个人角色或博得"公共信任"的公职；杂货店主、二手经销商、特工、妓女、间谍等角色以及相关的地位暗含着最初的不信任。④ 对角色信任的测量和分析中，池丽萍通过职业角色信任量表，测量被试者对教师、推销员、警察、医生、记者、领导、维修人员、学生等9个角色的信任水平，发现角色信任是一种特殊信任，反映的是人们对不同职业角色可信度的评价。然而人们的评价并不是对某一个警察、某一个教师或医生，而是对代表这一职业角色的一类人的评价。这种评价反映的是

① 姚琦，马华维. 社会心理学视角下的当代信任研究［M］. 北京：中国法制出版社，2013：81.

② 翟学伟，薛天山. 社会信任：理论及其应用［M］. 北京：中国人民大学出版社，2014：55.

③ ［波］彼得·什托姆普卡. 信任：一种社会学理论［M］. 程胜利，译. 北京：中华书局，2005：74.

④ ［波］彼得·什托姆普卡. 信任：一种社会学理论［M］. 程胜利，译. 北京：中华书局，2005：57.

人们对现有社会安排中各种角色的总体评价，人们对各种主要社会职业角色的信任评价可以反映其对当前各种职业角色的信任程度。① 郝玉明、肖群忠比较传统和现代中国人角色与信任的关系，认为在中国传统的人伦环境中，角色的稳定性与规范性以及角色道德的自觉实践促进了人与人之间信任的建立，对人的信任就是对角色的信任。然而，也有学者提出，当代社会角色主体产生了异化，而社会对角色的规定以及人们对角色的期待却相对稳定，人的异化，使其承担的角色表现出极大的不确定性，角色主体、角色主体之间的关系以及角色本身的变化，使对人的信任不等于对角色的信任。②

（6）信任文化

文化规则在共同决定某个社会在某一确定的历史时刻的信任或不信任程度时，可能扮演一个强有力的角色。人们之所以信任别人是因为文化中含有倡导诚信的道德观和价值观并得到人们的认可和内化。③ 信任文化是一个规则系统——规范和价值，它们调节给予信任和达到、回报信任以及相互信任的行为，简言之，是关于信任和可信性的规则。信任文化把具有各种类型的信任占优势的持久的经验累积和系统化为规则。如果信任赌博占优势的持续后果是积极的，并在社会生活的各个领域发生，信任的一般规则就可能出现。④ 信任观念、态度、心理能够成为一个地方、一个民族普遍流行的社会心理、伦理观念和社会舆论，影响人们的生活方式、行为方式和思维方式，凝结成一种完整的信任文化模式。⑤ 福山将不同地区的信任文化区分为低信任文化和高信任文化，其中中国、意大利、法国和韩

---

① 池丽萍. 角色信任的代际传递 [J]. 心理研究，2013（6）.

② 郝玉明，肖群忠. 基于角色的人际信任及治理研究 [J]. 社会科学战线，2014（10）.

③ 白春阳. 现代社会信任问题研究 [M]. 北京：中国社会出版社，2009：23.

④ [波] 彼得·什托姆普卡. 信任：一种社会学理论 [M]. 程胜利，译. 北京：中华书局，2005：132.

⑤ 马俊峰. 当代中国社会信任问题研究 [M]. 北京：北京师范大学出版社，2012：70.

国等国家的家庭起着核心作用，这些国家的自发社团组织相对薄弱，家庭主义文化使这些国家属于低信任文化；美国、日本、德国属于超越血缘关系的高信任社会，他们有自发性的社会交往，往往造就出发达的社会中间组织——教会、商会、工会、俱乐部、民间慈善团体、民间教育组织，以及其他自愿团体。① 低信任文化中，人们根据血缘关系来确定他人是否可以信任；高信任文化超越了血缘关系，在社会组织、陌生人之间能够建立非血缘之间的信任。阿尔蒙特（Almont）和弗巴（Verba）比较美国、英国两个旧民主国家与西德、意大利、墨西哥三个新民主国家的信任文化，发现旧民主国家社会信任比新民主国家社会信任度高，这种信任差异主要来源于两类民主国家的政治文化的区别。② 普特南（Putnam）比较分析意大利南北部社会资本（信任、人际关系、规范）差异，发现具有共和国传统的意大利北部地区拥有互助小组、文学俱乐部、劳动组织传统，市民之间人际沟通广泛，信任度高，社会资本丰富；南部地区君主制传统自上而下等级制统治、管理，束缚人们之间的沟通、社会参与，导致信任文化建立缺乏社会基础，人们之间相互猜忌、互不信任。③

三、制度信任研究综述

（一）制度信任的双重意涵

关于制度信任，学者们依据制度信任的内容、对象，从两个角度进行理解和阐释，制度信任具有双重意涵。

有学者认为信任与人际之间的互动不必然有直接关系，可以独立于个人之外而存在。基于制度性的社会机制对于社会结构、系统的制度信任是

---

① ［美］弗朗西斯·福山. 信任——社会美德与创造经济繁荣 ［M］. 彭志华，译. 海口：海南出版社，2001：9.

② 王绍光，刘欣. 信任的基础：一种理性的解释 ［J］. 社会学研究，2003（3）.

③ ［美］罗伯特·普特南. 使民主运转起来 ［M］. 王列，赖海榕，译. 南昌：江西人民出版社，2001：95.

一种现代化的产物，它是建立在充分尊重个人权利基础上的制度安排带来的信任，主要指人们对外部的制度和规范抱有足够的信心，相信一整套规范完备的制度和法律体系能确保人们的权益得到保障，制度会对他人的失信行为进行有效的惩罚，从而降低人们交易过程中的风险。① 因此，制度信任模式不是依赖于人们之间的熟悉程度或者交往时间的长短，而是建立在正式的、合法的社会规章制度上，依靠法制系统、制度系统而形成的一种信任模式。这种信任模式依靠的不是法律、制度的某一条款、某一部分，而是对整个法制系统和制度系统的信任。② "我们对他人抱有一种积极的预期或信任，不是因为我们对交易对方抱有善良的愿望或对关系稳定性的坚信，而是主要源于制度的安排，一整套有效的制度诸如企业合同、征信体系、司法体系、法律条款能确保交易的顺利、公平"。③ 制度信任是基于非个人性的社会规章制度的保证而给予他人的信任，以法律的惩罚或预防机制来降低社会交往的复杂性。④

也有学者认为制度信任是对一项具体制度即制度本身的信任。制度通过规则、规范虽然明确了社会成员在不同社会情况下、交往环境中的行为准则，使行动者对制度规则有充分的信心，能够预期他人未来的行动，从而促进信任的形成，"不过这样的信心依赖于制度的有效实施和运行，不是所有的制度都能促进信任。建立在制度基础上的稳定的心理预期要以信任制度为前提，尤其是对于自上而下实施的外在制度，以及以实施这些制度为目的的正式组织而言，人们要判断是否信任制度本身"。⑤ 对制度的信任与制度的运转机制有关，并假定所有交换各方会遵守特定的规范，这个

① 徐尚昆. 信任结构与信任重构论析［J］. 中国特色社会主义研究，2021（1）.

② 马俊峰. 当代中国社会信任问题研究［M］. 北京：北京师范大学出版社，2012：97.

③ 徐尚昆. 信任结构与信任重构论析［J］. 中国特色社会主义研究，2021（1）.

④ Luhmann N. Trust and Power［M］. New York：John Wiley & Sons，1979：4.

⑤ 房莉杰. 制度信任的形成过程——以新型农村合作医疗制度为例［J］. 社会学研究，2009（2）.

意义上制度才能够有效降低信任风险，提高行为者行动的可预测性。① 因此，通过制度的良性运转而产生信任的前提必须是社会成员对制度较为一致的认同，对制度规范的普遍遵守。换言之，社会制度具备对于社会成员的普遍约束力量，社会机制得到人们共同的正向期待，首先社会成员必须对制度信任的基础——制度本身产生信任。

制度信任两种理解、阐释取向的区别之处在于学者们对信任的对象——制度的解释角度不同。制度和信任的关系非常复杂，里面包含了两个全然不同的因果关系——制度既是信任的基础，又是信任的客体、对象。② 制度信任包含两层含义：一是学者们（福山、卢曼、吉登斯、祖克尔、巴伯）所强调的以制度为基础，对制度性的社会秩序的信任；二是以制度为客体、对象，对制度本身的信任。

1. 制度信任——制度作为信任的基础

在一个共享的制度空间内，社会成员遵守制度的规则、规范，降低了交往的不确定性，减少了社会复杂性，使社会成员敢于给予信任。制度信任本质上是社会交往主体彼此对于对方能作出符合制度规范行为的相互期望，这种相互期望产生于社会交往主体在相信制度的基础上对于制度的共同直觉或共同理解。③ 制度规则、规范是制度信任的基础和保障。

制度包括正式制度和非正式制度两种类型，基于制度而产生的制度信任也包含两个方面的内容：其一，建立在正式法律、法规和正式契约关系基础上的制度信任。这种自上而下推行、实施的正式法律、法规具有被普遍认可的合法性，在制度规范的保证下，人们能够对对方符合制度规范的行为产生期待，产生一种"正式制度信任"；其二，建立在传统规则、习

① 翟学伟，薛天山. 社会信任：理论及其应用 [M]. 北京：中国人民大学出版社，2014：101-102.

② 房莉杰. 制度信任的形成过程——以新型农村合作医疗制度为例 [J]. 社会学研究，2009（2）.

③ 董才生. 社会信任的基础：一种制度的解释 [D]. 长春：吉林大学，2004.

惯（或惯例）等非正式契约关系基础上的制度信任。通过对约定俗成的传统规范、习俗的普遍认可，在习俗化的制度环境中，人们对彼此敢于托付，形成一种"非正式制度信任"。作为现代社会重要的信任类型，以制度为基础、保障的制度信任具有一系列不可比拟的优越性：第一，制度信任使信任制度化、非人格化，从而具有一定的稳定性、持续性的优点；第二，制度信任本身就是依靠法律制度的保障而形成的，同时也是社会法制化的一个重要组成部分，对于现代公民的公共精神的培育起着非常重要的作用；第三，制度信任消除了人们进行交往时的后顾之忧，缩短了建立信任的时间，节约了交往成本或交易成本，为促进人们的普遍交往提供了社会性保障；第四，制度信任是真正意义上的社会性信任，制度信任有助于形成信任与交往活动的良性循环，促进整个社会形成良好的信任环境和条件。①

2. 制度信任——制度作为信任的对象

依靠整个制度系统而形成的社会信任关系，以信任制度为前提。制度既是制度信任的基础，同时也是信任的对象。作为给定的、先在的制度，制度能使行动者之间形成信任，但制度只有在被信任的前提下，才能发挥信任的基础作用。

从信任的内涵可见，制度信任是人们在内心对制度及其执行者行为的积极预期。② 以制度为对象，对一项具体社会制度的信任包含对制度规则、规范即制度文本的信任，制度实施、执行过程的信任，制度实施、执行结果或效果的信任三个方面。对制度文本的信任，建基于人们对制度理念、规则、目标的合理性、实用性的认知、判断。当制度理念、规则内容、目标与社会成员对自己的利益判断或利益实现途径的偏好吻合时，也即当制度的理念、规则内容、目标与制度所涵盖的行为人的利益或利益实现途径

---

① 马俊峰. 当代中国社会信任问题研究 [M]. 北京：北京师范大学出版社，2012：97-99.

② 邹宇春. 提升制度信任：确保政府良性运行的重要方向 [J]. 中国发展观察，2014（8）.

的偏好重叠范围越大时，行为人对利益的判断或利益实现途径偏好的判断与制度的一致性就越高，人们就越容易信任制度。① 作为约束个人的一套规则和规范体系，制度信任的建立需要被制度约束主体承认、肯定和认可。但对于由第三方正式机构颁布、实施，具有普遍约束力和强制性惩罚措施的制度，其信任的根源和影响因素归根结底在于制度执行者执行制度的行为过程，最终体现为制度执行者执行制度的行为和执行制度的效果。② 人们对一项社会制度的信任，根本上是对制度运作是否有效以及是否公平的基本判断，体现为人们感受、评估和期望制度运行效率和运行结果的一种方式。③ 在自身经历的影响下，人们首先对制度执行者在相关制度规定上的日常执行表现进行评估，分析这些制度执行者的行为在多大程度上符合制度要求，执行效果在多大程度上代表自己的利益，自己有哪些方面的利益会被执行机构及其执行人员考虑和顾及，进而判断他们在哪些方面可被信任。④ 作为制度实施、执行的客体、对象，人们对制度执行主体认知或以往的相关经历不同，对制度的信任程度存在差异，"按照个体对其他自然人的信任逻辑，个体对不同制度的信任程度理应会因个体对制度承诺内容、制度承诺实现过程、制度承诺实现结果等信息的掌握程度而出现类似人际信任一样的差序格局"。⑤ 这种差异与人们对制度承诺的相关信息的了解程度，以及对这些承诺实现程度的评价、判断密切相关。

---

① 褚松燕. 论制度的有效性——人们何以遵守规则 [J]. 天津社会科学，2010 (4).

② 赵全民. 论转型社会中政府信任的重建——基于制度信任建立的视角 [J]. 社会科学，2013 (1).

③ 李德国，蒋文婕，蔡晶晶. 个体规范与公共行动：制度信任如何促进公众回应性参与？——基于城市水环境诉求的文本数据分析 [J]. 公共管理学报，2022 (4).

④ 邹宇春. 提升制度信任：确保政府良性运行的重要方向 [J]. 中国发展观察，2014 (8).

⑤ 邹宇春，敖丹，李建栋. 中国城市居民的信任格局及社会资本影响——以广州为例 [J]. 中国社会科学，2012 (5).

（二）制度信任的影响因素

1. 制度（系统）信任的影响因素

以制度为基础和保障，对制度性的社会秩序的信任依赖于人们对制度的共同理解和遵守。这种理解和遵守基于人们对制度规范普遍约束力的认可，对制度规范强制性的服从。制度通过两种方式来实现对各种社会行为的协调，从而促进制度信任的产生和深化：第一种方式是以正式的规章、制度和法律等作为保障，在每个人遵守制度规范的共识下，引发对他人诚信的期待，巩固和加深彼此之间的信任，从而使人们的行为被约束在一个有限的范围内，减少了各种机会主义行为，促进了普遍的社会交往，扩大了信任的范围，使得陌生人之间能够建立广泛的信任。① 这种方式需要人们将制度内化，认同某种制度并把它当成身份的标志，相信其他人也会像自己一样遵守制度。这样就会增强对他人诚实可信的信念，在社会成员之间产生合作意识，进一步加深成员的相互信任。因而社会信任关系的根本在于制度化，在于确立一套在共同价值观念基础上稳定的、普遍的规范，借以调整社会中各种复杂的关系模式。② 这种方式的达成需要通过较长的时间，以诚意、耐心和毅力在人民大众的心理上、感情上培育出"软结构"，需要有顶层、草根及中间层成员的全民参与和长期努力才能实现。③第二种方式是制度信任通过契约规定双方权利、义务，对未能守信的，未按照规章制度去做的给予惩罚措施，驱使人们作出维持信任的行为选择。这种通过制度对社会行为进行约束、惩罚而建立和维持的制度信任，通过

---

① 翟学伟，薛天山. 社会信任：理论及其应用［M］. 北京：中国人民大学出版社，2014：120.

② 林聚任. 社会信任和社会资本重建——当前乡村社会关系研究［M］. 济南：山东人民出版社，2007：151.

③ 杨敏，郑杭生. 社会实践结构性巨变与锻铸社会和谐的坚实支柱［J］. 探索与争鸣，2007（4）；周怡. 信任模式与市场经济秩序——制度主义的解释路径［J］. 社会科学，2013（6）.

顶层设计或者草根设计容易达成甚至可能已经达成。①

2. 制度（本身）信任的影响因素

对一项制度本身的信任，是信任主体对制度能够有效实施、执行，并且制度实施效果能够保障自身合法权益的信心和期待。学者们对制度信任影响因素的探索和考察主要体现在两个方面：一是制度执行者及其行为；二是制度执行的结果或效果。

（1）制度执行者及其行为的影响

制度能否有效实施，涉及与制度实施相关的组织，而组织是由人组成的，或者说制度是由具体的社会角色实施的，如警察、医生、教师等。制度信任取决于人们对制度代理人会在多大程度上去实现这些制度承诺的判断。② 对制度的信任一定程度体现了人们对制度执行者行为的积极预期。什托姆普卡认为各种对信任客体的信任——个人的、类别的、地位的、群体的、制度的、商业的、系统的，都是根据相同的逻辑在运作。最重要的是在所有信任的背后隐隐存在原始形式的信任——对人及其行动的信任。③ "在系统信任的情形中，我们既期望我们的国民有益的行动，也期望构成我们社会结构的各种制度和组织的有益的行动。在制度信任的情形中，我们相信建构起宪法的人、相信实际执行政府职能的人，相信监控和指导它们表现的人（宪法法院成员、法庭成员、议会委员会成员、由媒体成员、廉政官员，以及最终的选举委员会成员等）"。④ 邹宇春认为从信任的内涵可见，制度信任是人们在内心对制度及其执行者行为的积极预期。基于自身经历与认知，人们对制度及其代理人在相关制度规定上的日常执行表

---

① 周怡. 信任模式与市场经济秩序——制度主义的解释路径［J］. 社会科学，2013（6）.

② 邹宇春. 提升制度信任：确保政府良性运行的重要方向［J］. 中国发展观察，2014（8）.

③ ［波］彼得·什托姆普卡. 信任：一种社会学理论［M］. 程胜利，译. 北京：中华书局，2005：61.

④ ［波］彼得·什托姆普卡. 信任：一种社会学理论［M］. 程胜利，译. 北京：中华书局，2005：61.

现进行评估，分析这些制度代理人在多大程度上和自己具有相似性（在多大程度上代表自己的利益），自己有哪些方面的利益会被执行机构及其行政人员考虑和顾及，进而判断他们在哪些方面可被信任。① 赵德余通过农民参加农村合作医疗中的博弈关系发现，农民对合作医疗制度的信任既是对农村医疗卫生机构的服务行为策略（诚实可信、有效和低廉）的信任，也是对合作医疗管理机构提高补偿范围或报销水平承诺的信任，更是对地方政府的政策执行或仲裁者公正的行为策略的信任。②

（2）制度执行结果或效果的影响

信任客体的可信性是信任者给予信任、采取信任行为的重要依据。这种可信性体现为客体具有值得信任的某种特质，同时还包含了信任客体能够满足信任主体欲求、实现预期的可能性。信任主体会根据信任客体能在多大程度上实现其功能、发挥其作用而决定对信任客体的信任度。③ 以制度为信任对象的制度信任中，人们信任制度是指相信它会善待我们，人们往往是依据制度实施的效果考虑制度是否有利于自己。张笠雲研究我国台湾民众对制度信任的想法与信任基础发现，制度信任的出现应该奠基在三个基础上：①集体能力的认可。就制度而言，指的是制度是否有能力执行所托付的职责。②代理伦理的秉持。在职的行动者是否能持守角色或职位上的义务，如公平和正义原则，自己权益和他人权益之间的平衡等，是否能尽代理人的职责，以委托人的利益为最大考量。③仲裁救济制度的效力。它指的是个人与个人、个人与法人，或是法人与法人之间争议的仲裁能力。当代理人和委托人发生冲突时，仲裁制度是否有能力和有意愿公平的处理；代理人之间行动损害委托人时，救济措施是否存在；个别行动者和特定责权机关之间有争议时，是否有足够的申诉渠道（见图 1-2）。④ 谢

---

①　邹宇春. 提升制度信任：确保政府良性运行的重要方向［J］. 中国发展观察，2014（8）.

②　赵德余. 制度与信任形成的微观机制——兼评房莉杰《制度信任的形成过程》［J］. 社会，2010（6）.

③　倪霞. 论现代社会中的信任［M］. 北京：人民出版社，2014：8.

④　张笠雲. 制度信任及行为的信任意涵［J］. 台湾社会学刊，2000（23）.

蕙茹、白金安分析成屋履约保证制度对房屋交易的影响时发现，消费者认为由第三者团体所提供的制度型环境下，消费行为能够进一步得到保护，会使消费者对成屋履约制度产生信任，更容易与不认识的卖方产生信任和交易。①

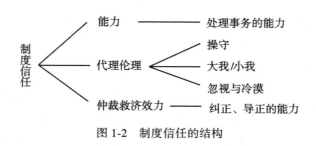

图 1-2 制度信任的结构

邹宇春等认为人们对制度信任程度的差异在于个体对制度承诺的相关信息的了解程度以及对这些承诺实现程度的判断。个体对不同制度的信任程度因个体对制度承诺内容、制度承诺实现情况等信息的掌握程度也出现类似人际信任一样的差序格局。② 房莉杰提出制度信任形成过程的模式（见图 1-3），认为制度信任形成的过程中，信任主体面对一项具体制度时会首先利用制度规则所传达的信息权衡成本收益，制度能否实现预期、满足需求，决定了信任态度继而影响信任行为。③

四、文献述评

目前学界对制度有着多种视角、层次的界定，同时也将制度信任放在不同的层面、角度、系统中考察。学界对制度信任的理解和解释存在两种

① 谢蕙如，白金安. 制度信任、知觉风险、满意度及行为意图关系之研究——以成屋履约保证为例 [J]. "国立" 屏东商业技术学院学报，2011（13）.
② 邹宇春，敖丹，李建栋. 中国城市居民的信任格局及社会资本影响——以广州为例 [J]. 中国社会科学，2012（5）.
③ 房莉杰. 制度信任的形成过程——以新型农村合作医疗制度为例 [J]. 社会学研究，2009（2）.

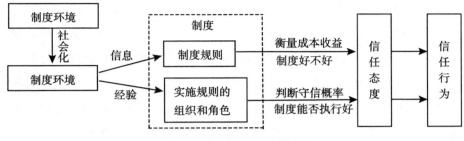

图 1-3　制度信任的形成过程

取向：一是将制度作为信任的基础，制度信任是对制度性的社会秩序、社会环境的信任；二是将制度作为信任的对象，制度信任是对制度本身的信任。目前学界对制度信任的理解和研究偏向于第一种取向，即制度信任是以制度为基础，对制度性社会秩序、社会环境的信任，对制度本身的信任的研究不多，特别是缺乏对制度本身的信任进行的经验研究和实证分析。本书所关注和考察的制度信任是制度信任的第二种理解、阐释取向，即以制度为信任对象，对制度本身的信任；具体关注信任主体对作为规范体系的制度的信任状况、差异和影响因素。

目前学界对信任的研究都肯定影响信任的因素来源于人们的社会生活实践、社会生活环境。有些研究关注的是宏观的、较为抽象的、间接的社会生活实践、社会生活环境因素，例如社会结构、社会系统、社会文化等；有些研究则关注的是微观的、较为具体的、直接的社会生活实践、社会生活环境因素，例如相互之间的关系、利益得失的理性计算、信任对象的社会角色、信任主体过去相关的经历、经验等。信任的影响因素是在社会生活实践过程中产生的，但信任是一种对未来的主观预期、信念和态度，影响信任预期、信念和态度的更直接的因素是人们对社会生活实践的感受、认知、评价。而以往信任影响因素的研究，缺乏对信任主体的社会生活、社会经历的主观认知、态度、评价方面的关注和分析。在制度信任的影响因素中，本书所考察的是信任主体具体的社会生活实践、社会生活环境因素；具体关注信任主体在社会生活实践、制度环境中具体的感受、认知、评价因素对制度信任的影响。

目前学界认为，信任包括对制度的信任来源于社会生活实践、社会生活环境，学者们对制度信任的影响因素分析，主要对制度执行者及其行为、执行制度的结果或效果等客观因素进行考察，而未关注信任主体对制度执行者及其行为、执行制度的结果或效果方面的感受、认知、评价等主观因素的影响作用。本书关注劳动生活中，劳动者对制度执行者的直接评价、多方面综合评价予以制度信任的影响，即从信任主体对制度执行者及其行为、执行制度的结果或效果的主观感受、认知、评价方面探索制度信任的影响机制，由此提炼出"制度体验"概念，分析信任主体的"制度体验"与制度信任的关系。

目前学界对一项具体制度（本身）信任的研究，关注了影响制度信任的诸多因素，从多种角度、多个层面考察和分析制度信任的条件、基础。既有制度执行者能力、声誉、品质等因素的影响；也有制度实施、执行的过程因素的影响；还有制度实施、执行结果或效果因素的影响等。大多数学者关注其中某一方面或某一层面因素的影响，较少学者对制度信任影响因素进行综合、全面的比较和分析。本书关注制度执行者的声誉方面、执行制度的行为方面、执行制度的结果或效果方面的综合影响作用；具体研究主体对制度执行者声誉方面、执行制度的行为方面、执行结果或效果方面的主观感受、认知、评价，即"制度体验"对制度信任的综合影响。

第三节　本书的结构安排

本书共分七章，其中第三章至第六章为研究的核心内容。具体结构如下：

第一章，绪论部分。通过对中国劳动合同制度的实施状况、中国社会信任类型的描述和分析，介绍本书的研究背景、目的和意义；并对围绕研究主题所涉及的主要文献进行梳理，提出以往研究的借鉴和启示。

第二章，研究设计部分。首先提出研究的理论基础，构建分析框架；其次对研究所涉及的核心概念进行界定，对操作化的变量进行说明；再次介绍数据的来源，包括抽样方法和过程、资料收集过程、资料分析的方法，整体分析样本的概况；最后对调查数据的信度和效度进行检验、解释和说明。

第三章，劳动合同制度信任的状况及差异。关注和考察企业员工对劳动合同制度信任的状况、主体的"制度体验"的状况；比较劳动合同制度信任的主体特征差异、主体的"制度体验"差异。

第四章，主体的"制度体验"对劳动合同制度信任的直接影响。研究主体的"制度体验"与制度信任之间的关系，分析主体的"制度体验"对制度信任的直接影响。具体研究主体的"制度体验"、主体特征对劳动合同制度信任的影响作用；比较分析主体的"制度体验"、主体特征对劳动合同制度信任的影响作用差异。

第五章，主体的"制度体验"对劳动合同制度信任影响的中介效应。在分别分析了主体的"制度体验"、主体特征这两个方面因素对劳动合同制度信任的直接影响之后，进一步分析主体特征通过主体的"制度体验"对劳动合同制度信任的间接影响，研究主体的"制度体验"对劳动合同制度信任影响的中介效应。

第六章，主体的"制度体验"影响劳动合同制度信任的作用路径。基于主体的"制度体验"对劳动合同制度信任的直接影响，主体的"制度体验"对主体特征影响劳动合同制度信任的中介效应，进一步关注主体各方面"制度体验"之间的路径关系对劳动合同制度信任的综合影响，分析主体的"制度体验"对劳动合同制度信任影响的作用路径。

第七章，主要结论与研究启示。通过分析主体的"制度体验"对劳动合同制度信任的直接影响、中介作用和作用路径，提炼、总结企业员工对劳动合同制度信任的一般结论和规律。基于研究发现，进一步对劳动合同制度信任所影射出的客观制度问题进行分析和讨论；对主体的"制度体验"予以制度信任的具体影响作用及普遍意义，对社会生活中的"社会体验"影响信任的普遍规律进行延伸讨论；探索制度信任建构的思路和方向，为建立起制度信任提供政策理论依据。

第二章 研 究 设 计

第一节 理论基础与分析框架

一、理论基础

信任是一个相当复杂的心理与社会现象，涉及很多层面和维度，学者们从多个领域、视角和方法对信任进行研究，给信任作出不同界定和解释。目前学界理解和解释信任的理论包括：信任的认识发生论，该理论强调信任是一种经过社会学习而形成的相对稳定的人格特点或由情境刺激决定的个体心理和行为；信任的关系互动论，该理论关注人际关系中的信任，认为信任是在交往与互动中产生的人际关系的产物，是主体间关系互动中的情感联系、理性计算；信任文化论，强调信任是社会文化的一部分，将信任的产生、差异归因于社会文化的产物；信任的制度论，关注制度环境对信任的影响作用，某些制度环境比其他制度环境更有利于信任的产生，认为信任是建立在法律、法规等制度规范基础上的一种社会现象。①

信任的制度理论从信任产生的制度环境出发，提出了社会系统层面的信任——制度信任。制度信任是现代社会中的重要信任类型，也是学者们普遍关注的一种信任类型。从古典社会学家韦伯，到当代社会学家吉登

---

① 王绍光，刘欣. 信任的基础：一种理性的解释 ［J］. 社会学研究，2003（3）；彭泗清. 关系与信任：中国人际信任的一项本土研究 ［M］∥ 中国社会学年鉴（1995—1998）. 北京：社会科学文献出版社，2010：290-297.

斯，包括结构功能主义者卢曼、巴伯，均对建立在契约基础上，以法律和正式的规章制度为保障的普遍信任（制度信任）进行了考察和研究。目前学界关于制度信任内涵的理解、阐释具有两种取向。第一种取向是从宏观层面把握和理解，韦伯、吉登斯、卢曼、巴伯、祖克尔等学者认为制度信任是在制度保障的基础上，对制度性社会秩序的信任。这种以制度为信任基础的制度信任，是建立在正式的、合法的社会规章制度的约束、保证、惩罚的基础上，依靠法制系统、制度系统而形成的一种信任模式。第二种取向是从微观层面理解、解释制度信任，认为制度信任是以一项具体制度为信任对象，制度信任是对制度本身的信任。以制度为对象的制度信任，是人们在内心对一项具体制度及其执行者行为的积极预期。① 根本上是对制度运作是否有效以及是否公平的基本判断，体现为人们对制度运行效率和运行结果的综合反应。②

制度信任的两种理解、阐释取向的区别之处在于对"制度"的理解角度不同，第一种理解、阐释取向中的"制度"是信任的基础和保障；而第二种理解、阐释取向中的"制度"是信任的对象、客体。尽管制度信任的两种理解、阐释取向的角度、内容不同，但是二者之间并非毫无关联。作为给定的、先在的制度，制度规则、规范的保障使人们敢于信任他人，降低社会交往的复杂性，而相互信任的环境、秩序建立在给定的制度被信任的前提下，只有具体的制度有效运作，取得社会的信任，制度才能发挥出信任的基础作用。因而依靠整个制度系统而形成的社会信任关系以信任制度为前提。

制度信任理论中，学者们发现对一项具体社会制度（本身）的信任，是信任主体对制度能够被有效实施、执行，并且制度实施、执行的效果能够保障自身合法权益的信心和期待。制度信任的影响因素包含两个方面。

---

① 邹宇春. 提升制度信任：确保政府良性运行的重要方向 [J]. 中国发展观察，2014（8）.
② 陈华珊. 组织中的信任——所有制差异及其整合机制 [D]. 上海：上海大学，2013.

一是制度执行者及其行为影响制度信任。主体对客体的信任，包括对制度的信任，都根据相同的逻辑在运作，即背后所隐隐存在的原始信任——对人及其行动的信任。① 信任主体基于制度执行者的日常行为、表现，对制度执行者的能力、品质的感受、认知、评价，以及通过制度执行者执行制度的过程，分辨制度代理人能否合法、合理实施、执行制度，对制度执行者行为的感受、认知、评价，判断制度是否可以被信任。② 二是制度执行的结果或效果影响制度信任。制度执行者实现制度功能、发挥其作用，也影响、决定信任主体对制度的信任度。③ 人们信任制度不只是指可以预测制度可能怎么实施、执行，更是指相信制度实施、执行的效果。④ 当信任主体考虑制度实施、执行的效果有利于自己或自己某些方面的利益被制度执行者考虑和顾及时，通过对执行制度的结果或效果的感受、认知、评价，才会对制度抱有积极的预期和信念。

二、分析框架

基于制度信任理论，本书是对制度信任的第二种理解、阐释取向，即以制度为对象、客体，对制度（本身）的信任研究。在社会现实中对一项具体制度的信任与制度规则、规范的合理性，制度的实施、执行机制，制度的实施、执行效果相关联。而对一项已经颁布实施或制度规范被人们普遍认可，具有约束力的制度，其信任感来源于制度的实施、执行过程和效果。即人们对一项制度是否信任，信任的程度如何，往往取决于制度执行者会在多大程度上按照制度规则、程序实施、执行，去实现这些制度承

---

① ［波］彼得·什托姆普卡. 信任：一种社会学理论［M］. 程胜利，译. 北京：中华书局，2005：61.

② 邹宇春. 提升制度信任：确保政府良性运行的重要方向［J］. 中国发展观察，2014（8）.

③ 倪霞. 论现代社会中的信任［M］. 北京：人民出版社，2014：8.

④ 徐贲. 承诺、信任和制度秩序［J］. 学术论衡，2005（2）.

诺。① 如果制度的实施、执行符合或高于信任主体对制度的预期，那么信任主体就会对制度执行者作出积极评价，相应产生制度信任；否则，低于预期的消极评价会导致不信任。② 换言之，影响制度信任的关键因素是制度执行者，具体而言是制度执行者的行为、作为以及可信赖性、可靠性等方面的记录和荣誉。

任何一项信任活动都是指向未来，包含着对信任客体能够"不负所托"的预期，而人们对未来具有风险性预期所做的信任判断和抉择，往往以社会生活实践、社会经历、经验为参照。但信任是一种对未来的主观预期、信念和态度，影响信任预期、信念和态度的更直接的因素是人们对社会生活实践的感受、认知、评价。对一项社会制度的信任与制度执行者密切相关，准确来说与人们对制度执行者实施、执行制度而产生的感受、认知、评价即"制度体验"直接、密切关联。

本书关注一项与劳动者密切相关的制度——劳动合同制度的信任问题。运用制度信任理论分析主体的"制度体验"（员工对企业声誉的评价，对企业执行劳动合同制度行为的合法性、合理性评价，对企业执行劳动合同制度结果或效果的满意度评价）与劳动合同制度信任之间的关系，阐释"制度体验"对劳动合同制度信任的综合影响。在此基础上分析制度信任所影射、体现的客观现实问题；探讨信任主体的"制度体验"的影响作用研究，为考察制度信任的影响因素提供的研究视角，讨论制度作为信任对象，"制度体验"对制度信任影响的规律；进一步思考社会生活中的"社会体验"对考察、分析、解释信任的产生、形成、改变提供的研究视角或因素，讨论"社会体验"的普遍意义；最后基于制度信任的影响因素和作用机制，探索制度信任建构的思路和方向。具体研究的逻辑框架如图 2-1 所示。

---

① 邹宇春. 提升制度信任：确保政府良性运行的重要方向 [J]. 中国发展观察，2014（8）.

② 房莉杰. 新型农村合作医疗制度信任的形成过程 [M]. 北京：社会科学文献出版社，2014：34-35.

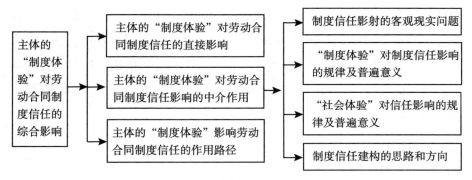

图 2-1　劳动合同制度信任研究逻辑框架

第二节　基本概念和变量测量

一、基本概念

(一) 企业员工

员工是指不占有生产资料，依靠工资收入为生的劳动者。本书中的企业员工是指 16 岁以上、60 岁以下，在各类企业（国有企业、集体所有制企业、私营企业、外资企业、合资企业）中获得劳动收入的在岗劳动者。企业员工是本书的研究对象即制度信任的主体，也是"制度体验"的主体。

(二) 劳动合同制度

劳动合同又称劳动契约、劳动协议，是用人单位（企业）与劳动者（企业员工）进行双向选择、确定劳动关系、明确双方权利和义务的协议。劳动合同制度是关于劳动合同订立、履行、变更、解除和终止过程中发生的社会关系的一套规范体系。劳动合同制度有狭义和广义之分：狭义劳动

45

合同制度仅指《劳动合同法》中关于劳动者与用人单位建立劳动关系的法律规范；广义劳动合同制度包括《劳动合同法》《中华人民共和国劳动合同法实施条例》《中华人民共和国宪法》《劳动法》和其他法律、法规中有关劳动合同的法律规范。① 本书中的劳动合同制度是指狭义的劳动合同制度，是依据《劳动合同法》，企业与员工订立、履行、变更、解除和终止劳动合同的相关规则、规范。

（三）制度信任

学界对制度信任内涵的理解和阐释有两种取向：一种认为制度是信任的基础，制度信任是对制度性社会秩序、社会环境的普遍信任；另一种将制度作为信任的对象，制度信任是对一项社会制度本身的信任。本书关注制度信任研究的第二种取向，即考察信任主体以制度为信任对象、客体，对一项社会制度本身的信任。将制度信任界定为：在社会生活中，一定信任主体对制度的规则、程序将会被制度执行者贯彻执行的积极预期和确定不移的信念。本书中制度的信任主体是企业员工，以劳动合同制度作为信任对象，那么制度信任是指企业员工对劳动合同制度的信任。在分析中，对制度信任的操作化定义是：企业员工对企业能够按照劳动合同制度的规则、程序，与自己订立、履行、变更、解除和终止劳动合同的积极预期和确定不移的信念。

（四）制度体验

制度体验是指一定主体在一定制度环境中，对所了解、经历的制度的感受、认知、评价等综合反应。包括主体对制度执行者本身的，对执行制度过程、执行行为的，对执行结果或效果的感受、认知、评价。本书在分析中对制度体验的操作化定义是：信任主体（企业员工）在制度环境中，

---

① 肖进成. 劳动合同法的理论、实践与创新［M］. 北京：光明日报出版社，2010：6.

对所了解和经历的劳动合同制度的感受、认知、评价等综合心理反应。现实中，制度行为、制度的执行过程和作用结果均由制度执行者来完成和实现，并体现出来。一定主体对所了解和经历的制度行为、制度执行过程、制度执行结果的某种感受、认知、评价即"制度体验"，往往是对制度执行者及其行为、执行制度结果的感受、认知、评价。"体验"具体包括感受、认知、评价等几种表现形式，其中"评价"是可以准确、有效地操作、测量和反映"制度体验"的重要表现形式。那么研究中的"制度体验"可以进一步操作化为"主体对制度执行者及执行行为、执行制度结果的评价"。

二、变量测量

（一）因变量

劳动合同制度中关于劳动者与用人单位建立劳动关系的规则、规范包括：劳动合同的订立、履行、变更、解除和终止四个方面。本书分析的具体问题是签订了劳动合同的企业员工对劳动合同制度的信任，因此"劳动合同订立"方面不在考察的范围之内。同时考虑到劳动合同制度中关于"劳动合同变更"的内容少，在劳动关系中的重要性相对较低，也不对"劳动合同变更"方面进行考察。那么，本书所分析的劳动合同制度信任，具体是指对劳动合同履行、劳动合同解除和终止两个方面的信任。由此，因变量包括：劳动合同履行信任、劳动合同解除和终止信任，以及包含了劳动合同履行、劳动合同解除和终止的劳动合同制度信任三个变量。

1. 劳动合同履行信任

根据《劳动合同法》中关于劳动合同履行规定的内容，将劳动合同履行信任操作化为对 10 个问题是否信任作为测量指标，即"按时、足额支付劳动报酬""合理安排劳动时间，加班会按照《劳动合同法》规定支付加班费"、缴纳"养老保险""医疗保险""生育保险""失业保险""工伤保险""住房公积金";"不违章生产、强令冒险作业""患职业病、因工负伤,会按劳动合同法予以经济补偿"。使用李克特量表对这 10 个问题进行测量,信任程度即取值分为五个等级,"完全相信""比较相信""一般""不太相信""完全不相信";将取值由高到低分别赋 5、4、3、2、1分。同时,为了综合测量员工对劳动合同履行这一方面总的信任,形成一个对劳动合同履行信任总的测量值,将 9 个测量指标(考虑到问卷中"对缴纳生育保险信任"问题只由女性填答,因此剔除生育保险指标)赋分相加,形成一个 9~45 分取值的连续变量。

2. 劳动合同解除和终止信任

根据《劳动合同法》中关于劳动合同解除和终止规定的内容,将劳动合同解除和终止信任操作化为对 10 个问题是否信任作为测量指标,即"因工负伤时企业不会终止、解除劳动合同""患职业病时企业不会终止、解除劳动合同""患病者在医疗期间不会被企业终止、解除劳动合同""在孕期、产期、哺乳期,企业不会终止、解除劳动合同""劳动合同未到期,企业不会终止、解除劳动合同""劳动合同未到期时企业终止、解除劳动合同会给予合理补偿""发生工伤时,企业会做工伤鉴定""出现纠纷时,企业会协商解决""出现纠纷时,企业会同意进行劳动调解、仲裁或到法院诉讼""纠纷不能协商解决时,企业会执行劳动仲裁或法院判决"。使用李克特量表对这 10 个问题进行测量,信任程度即取值分为五个等级,"完全相信""比较相信""一般""不太相信""完全不相信";将取值由高到低分别赋 5、4、3、2、1 分。同时,为了综合测量员工对劳动合同解除和终止这一方面总的信任,形成一个对劳动合同解除和终止信任总的测量值,将 9 个测量指标(考虑到问卷中"在孕期、产期、哺乳期,企业不会终止、解除劳动合同"这一问题只由女性填答,因此剔除在孕期、产期、哺乳期企业终止、解除劳动合同指标)赋分相加,形成一个 9~45 分取值的连续变量。

3. 劳动合同制度信任

由劳动合同履行信任、劳动合同解除和终止信任两个部分组成。将劳动合同履行信任 9 个测量指标赋分和劳动合同解除和终止信任 9 个测量指标赋分相加，形成一个 18~90 分取值的连续变量。

（二） 自变量

1. 主体的"制度体验"

本书中的"制度体验"操作化为"主体对制度执行者及执行行为、执行制度结果的评价"。主体对制度执行者及执行行为、执行制度结果的评价是员工对企业以及企业具体实施、执行劳动合同制度的行为过程、结果等方面进行衡量、评定、分析、判断后得出的结论。由此，研究中关注和考察主体的"制度体验"包括四个方面内容：员工对企业声誉的评价；员工对企业执行劳动合同制度行为的合法性评价；员工对企业执行劳动合同制度行为的合理性评价；员工对企业执行劳动合同制度结果或效果的满意度评价。

声誉评价。依据员工对所在企业的了解，将员工对企业 5 个问题的评价作为测量指标，即"是一个遵纪守法的企业""是一个有社会责任的企业""是一个讲公平、公正的企业""是一个讲诚信的企业""是一个有发展前景的企业"。使用李克特量表对这 5 个问题进行测量，评价程度即取值分为五个等级，"非常赞同""比较赞同""一般""不太赞同""非常不赞同"；将取值由高到低分别赋 5、4、3、2、1 分。为了测量员工对企业声誉评价的倾向，研究中首先将 5 个测量指标赋分相加，形成一个 5~25 分取值的连续变量；其次将连续变量取值划分为 3 个等间距的分组取值，即 5~11 分、12~18 分、19~25 分，3 个分组取值分别定义为"不赞同""一般""赞同"，形成一个包含三个取值的定序层次变量。

行为的合法性评价。依据员工与所在企业签订劳动合同的经历，将员工对企业签订劳动合同是否合法的 5 个问题的评价作为测量指标，即"主动签订劳动合同""平等协商签订劳动合同""签订的劳动合同有约定的工作岗位、工作内容、薪酬""签订的劳动合同有约定的社会保险、劳动保护""签订的劳动合同内容，符合《劳动合同法》规定和要求"。评价程度即取值分为五个等级，"完全符合""比较符合""一般""不太符合""完全不符合"；将取值由高到低分别赋 5、4、3、2、1 分。为了测量员工对企业行为合法性评价的倾向，研究中首先将 5 个测量指标赋分相加，形成一个 5~25 分之间取值的连续变量；其次将连续变量取值划分为 3 个等间距的分组取值，即 5~11 分、12~18 分、19~25 分，3 个分组取值分别定义为"不合法""一般""合法"，形成一个包含三个取值的定序层次变量。

行为的合理性评价。依据员工的个人收入、社会保险获得情况，将员工对企业工资报酬发放、办理社会保险是否合理的 2 个问题的评价作为测量指标，即"企业所获得的收入是否合理""现在工作企业所获得的各种社会保险是否合理"。评价程度即取值分为五个等级，"非常合理""比较合理""一般""不太合理""非常不合理"；将取值由高到低分别赋 5、4、3、2、1 分。为了测量企业员工对企业行为合理性评价的倾向，研究中首先将 2 个测量指标赋分相加形成一个 2~10 分取值的连续变量；其次将连续变量取值划分为 3 个等间距的分组取值，即 2~4 分、5~7 分、8~10 分，3 个分组取值分别定义为"不合理""一般""合理"，形成一个包含三个取值的定序层次变量。

执行结果或效果的满意度评价。依据劳动合同内容和劳动合同实施、执行情况，将员工对劳动合同内容，劳动合同实施、执行是否满意的 2 个问题的评价作为测量指标，即"企业与自己签订的劳动合同内容总体上是否满意""企业履行或执行与自己签订的劳动合同的情况是否满意"。评价程度即取值分为五个等级，"非常满意""比较满意""一般""不太满意""非常不满意"；将取值由高到低分别赋 5、4、3、2、1 分。为了测量企业员工对制度执行结果或效果的满意度评价的倾向，研究中首先将 2 个测量指标赋分相加，形成一个 2~10 分取值的连续变量；其次将连续变量取值划分为 3 个等间距的分组取值，即 2~4 分、5~7 分、8~10 分，3 个分组取值分别定义为"不满意""一般""满意"，形成一个包含三个取值的定序层次变量。

2. 主体特征

（1）从业特征

从业特征以岗位类型、企业规模为测量指标。

岗位类型。分为"高层管理者""中层管理者""低层管理者""专业技术人员""办事人员、职员""工人、营业员、服务员等雇员"六个取值。

企业规模。为企业的从业人员数，分为"50 人及以下""51~100 人""101~500 人""501~2000 人""2000 人以上"五个取值。

（2）体制身份

体制身份包括户籍身份和所有制身份两个测量指标。

户籍身份。根据员工的户口所在地，包含"城镇户籍""农业户籍"两个取值。

所有制身份。企业所有制性质分为四种类型："国有或国有控股""集体所有或集体控股""私有/民营或私有/民营控股""外资、港澳资或外资、港澳资控股"。研究中将国有或国有控股、集体或集体控股企业工作的员工合并为体制内"公有制"身份员工；将私有/民营或私有/民营控股、外资、港澳资或外资、港澳资控股企业员工合并为体制外"私有制"身份员工。所有制身份包含"公有制"身份、"私有制"身份两个取值。

（3）人力资本

人力资本包括知识人力资本即受教育年限、经验人力资本即工作年限两个测量指标。

受教育年限。根据受教育水平"小学及以下""初中""中专、技校""高中""专科""本科""研究生及以上"七个取值，将受教育水

51

平转换为对应的最高受教育年限：小学及以下 = 6 年，初中 = 9 年，中专、技校 = 11 年，高中 = 12 年，专科 = 15 年，本科 = 16 年，研究生及以上 = 19 年。

工作年限。到调查时间为止在企业工作的时间（年）。

3. 控制变量

控制变量包含性别和年龄两个变量，对男性赋值为 1；年龄取平方。

第三节　数据来源和样本概况

一、数据来源

（一）抽样方法

本书关注企业员工对企业能够按照劳动合同制度的规则、程序与自己订立、履行、变更、解除和终止劳动合同的信任问题，具体的研究对象是签订了劳动合同的企业员工。考虑到建立签订劳动合同的企业员工的抽样框或建立企业抽样框尚不具有现实可行性和可操作性，对此选择传统入户调查方法进行抽样，采用多阶段等距方法抽取样本。

武汉市所辖的行政区：江岸、江汉、硚口、汉阳、武昌、青山、洪山 7 个主城区，蔡甸、江夏、黄陂、新洲、东西湖、汉南 6 个新城区，武汉经济技术开发区、东湖新技术开发区、东湖生态旅游风景区、武汉化学工业区。最终选择在江岸、江汉、硚口、汉阳、武昌、青山、洪山 7 个主城区内进行抽样。

1. 第一阶段：社区抽样

第一步，根据每个行政区中社区总数约 4% 的比率，计算每个区所抽取的社区样本量；第二步，根据所要抽取社区样本量，在每个区社区居委/村委会行政代码顺序中，分别计算出每个区等距抽样的间距；第三步，在第一个间距内抽取一个随机起点，按照每个区社区居委/村委会行政代码顺序，等间距抽取社区。武汉市 7 行政区的社区总数共 999 个，① 按以上方法 7 个行政区共抽取 42 个社区，其中江岸区 7 个社区、江汉区 5 个社区、硚口区 6 个社区、汉阳区 5 个社区、武昌区 8 个社区、青山区 4 个社区、洪山区 7 个社区。

2. 第二阶段：家庭户抽样

第一步，利用社区地图了解社区房屋、道路分布，在社区居住密集区的十字路口或三岔路口，按照向前、右边行走的原则，间隔一个建筑物单位（单元、一排房、独立小院）抽取一个建筑物；第二步，进入建筑物内，多层楼房从第 4 层开始，高层从第 9 层开始，每一层按照"逆时针"方向间隔一户抽取两户，如果一层未完成两户调查，则依次前往上一层或下一个建筑屋（一个单元、一排房、一个独立小院）内抽取两个家庭户。

3. 第三阶段：被访者抽样

首先询问家庭户中的成员是否在企业工作，其次在家庭户中抽取签订了劳动合同的企业员工作为调查对象。

最终共抽取并实际调查 1153 个样本，其中有效问卷 1143 个，有效率为 99.1%。样本来源见表 2-1。

表 2-1　　　　　　　　　　　　样本来源概况

区	社 区	人 数	区	社 区	人 数
江岸区	铭新社区	26	江汉区	龙王庙社区	29
	同庆阁社区	16		天后社区	18
	湖边坊社区	26		交通路社区	31
	上滑社区	29		华苑里社区	24
	四村社区	31		八古墩社区	30
	百步亭社区	26		小 计	132（11.4%）
	丹西社区	24			
	小 计	178（15.4%）			

① 武汉市民政局 2015 年数据。

53

续表

区	社 区	人 数	区	社 区	人 数
硚口区	古一社区	19	汉阳区	大桥社区	29
	四新社区	27		五福里社区	31
	汉宜社区	36		杨泗社区	19
	南巷社区	23		七里庙社区	27
	永庆社区	14		赫山社区	25
	丰竹园社区	30		小 计	131（11.4%）
	小 计	149（12.9%）			
武昌区	涂家沟社区	30	洪山区	汽发社区	30
	解放路社区	27		三桥社区	23
	大成社区	26		铁机社区	31
	中山社区	30		幸福社区	28
	四美社区	32		马庄苑社区	29
	晒湖社区	37		圆梦家园社区	27
	祥和社区	24		尤李社区	28
	东亭社区	31		小 计	196（17.0%）
	小 计	24237（20.6%）			
青山区	碧园社区	31		总 数：	
	现代花园社区	34		1153	
	康达社区	31		100%	
	青宜居社区	34			
	小 计	130（11.3%）			

（二）资料收集方法

采用结构式访问法即问卷调查方法收集资料。调查队伍由 30 名大二、大三本科生组成。调查前首先对 30 名调查员进行熟悉问卷内容、实施抽样方法、入户调查方法、访问技巧等方面培训；然后对 30 名调查员进行分组，每 5 名学生为一组，共 6 个小组进行入户调查，每个小组由一名组长负责问卷的发放、回收、检查和监督。每个小组共完成 7 个社区的调查，一个星期后结束资料收集工作。资料收集完成后，对问卷进行整理、录入，并对最后的数据进行清理和分析。

（三）资料分析方法

为考察主体的"制度体验"、主体特征对劳动合同制度信任的影响作用，资料分析方法采用 STATA13.0 统计软件进行多元回归模型（OLS）分析。为考察主体的"制度体验"对主体特征影响劳动合同制度信任的中介效应，主体各方面"制度体验"对劳动合同制度信任的路径作用，采用 AMOS7.0 统计软件进行路径分析。

1. 多元回归模型

多元回归模型（OLS）一般表达式为：

$$Y = a + b_1X_1 + b_2X_2 + \cdots + b_iX_i$$

模型左边 Y 是因变量劳动合同制度信任；a 是常数项；X_i 表示模型中的自变量即员工对制度执行者声誉评价、行为的合法性评价、行为的合理性评价、执行结果或效果的满意度评价、从业特征、体制身份、人力资本和控制变量；b_i 为自变量和控制变量 X_i 的回归系数，表示在控制其他条件不变的情况下，X_i 每增加或减少一个单位，劳动合同制度信任变化 b_i 个单位。

2. 路径分析模型

路径分析模型（见图 2-2）中的变量分为两类。一类是不受其他变量影响的外生变量（Z_1 和 Z_2），模型图中双箭头表示外生变量之间的相关（R_{12}）情况；单箭头方向路径系数为标准化回归系数，反映每个变量之间的直接效果值。另一类是被其他变量所影响的内生变量（Z_3 和 Z_4），内生变量旁的数值为多元相关系数的平方，是预测变量对该内生变量联合解释的变异量（R^2）。两类变量之间的关系是，外生变量直接通过单向箭头对内生变量产生直接因果影响（P_{31}、P_{32}、P_{41} 和 P_{42}）；当外生变量对内生变量的作用是间接通过其他变量产生时，那么外生变量对内生变量具有间接作用（$P_{43} \times P_{31}$ 和 $P_{43} \times P_{32}$）；直接作用和间接作用的效果总量是外生变量对内生变量影响的总效果值。①

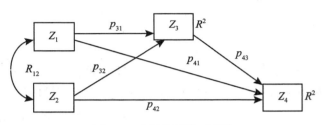

图 2-2 路径分析模型图②

二、样本概况

（一）个人特征情况

在调查的 1143 名企业员工中，男性 611 人（53.46%），女性 532 人（46.54%），男性员工多于女性。员工的平均年龄为 34 岁，最大年龄 60 岁，最小年龄 19 岁。员工年龄的具体分布情况，25～34 岁人数最多（42.41%），其次为 35～44 岁（27.57%），企业员工以青年为主。

（二）从业特征情况

在调查的 1143 名企业员工中，员工岗位类型为专业技术人员的所占比重最大（23.97%），其他依次为工人、营业员、服务员等雇员，中层管理者，办事人员、职员，低层管理者，高层管理者的比例最小（2.89%）。

① 吴明隆. 结构方程模型——AMOS 的操作与应用 [M]. 重庆：重庆大学出版社，2010：267-282.

② 郭志刚. 社会统计分析方法——SPSS 软件应用 [M]. 北京：中国人民大学出版社，2006：158.

员工所在的企业中,规模在 101~500 人的比例最大(30.88%),其他依次为 2000 人以上、51~100 人、50 人及以下的企业,在规模为 501~2000 人的企业工作的员工最少(14.96%)。

(三)体制身份情况

在调查的 1143 名企业员工中,城镇户籍员工 878 人(76.82%),农业户籍员工 265 人(23.18%),城镇户籍员工多于农业户籍。员工所有制身份类型为公有制的有 511 人(44.71%),身份类型为私有制的有 632 人(55.29%),私有制身份员工占多数。

(四)人力资本情况

在调查的 1143 名企业员工中,员工的平均受教育年限为 14 年,具体受教育水平中,本科/专科所占比重最大(58.71%),其他依次为高中/中专/技校、初中、研究生及以上,小学及以下受教育水平员工比例最小(2.89%)。员工在现在企业工作的时间即工作年限平均不到 8 年,工作年限超过 3 年不足 10 年的员工比例最大(33.7%),其他依次为超过 1 年不足 3 年、1 年及以下、15 年及以上,工作年限超过 10 年不足 15 年的员工比例最小(7.7%)。具体见表 2-2。

表 2-2　　　　　　　企业员工的特征情况　($N=1143$)

变量	频数(%)	变量	频数(%)
性　别		年　龄	
男	611(53.46)	19~24	146(12.82)
女	532(46.54)	25~34	483(42.41)
		35~44	314(27.57)
		45~60	196(17.21)
		平均年龄	34.30 岁(9.11)

续表

变量	频数（%）	变量	频数（%）
岗位类型		企业规模	
高层管理者	33（2.89）	50 人及以下	186（16.27）
中层管理者	220（19.25）	51~100 人	197（17.24）
低层管理者	155（13.56）	101~500 人	353（30.88）
专业技术人员	274（23.97）	501~2000 人	171（14.96）
办事人员、职员	190（16.62）	2000 人以上	236（20.65）
工人、营业员、服务员等雇员	271（23.71）		
户籍身份		所有制身份	
城镇户籍	878（76.82）	公有制	511（44.71）
农业户籍	265（23.18）	私有制	632（55.29）
受教育水平		工作年限	
小学及以下	4（2.89）	1 年及以下	212（18.55）
初中	92（8.05）	超过 1 年不足 3 年	291（25.46）
高中/中专/技校	316（27.65）	超过 3 年不足 10 年	386（33.77）
本科/专科	671（58.71）	超过 10 年不足 15 年	88（7.7）
研究生及以上	60（5.25）	15 年及以上	166（14.52）
平均受教育年限	14.04 年（2.61）	平均工作年限	7.71 年（8.35）

第四节　研究的信度与效度

一、研究的信度

信度检验采用的是内部一致性信度检验的方法，以量表的 Cronbach's Alpha 系数作为评价量表一致性信度的指标。通常 Alpha 大于 0.8 表示量表的内部一致性非常好；Alpha 在 0.6~0.8，表示量表内部一致性比较好；

Alpha 低于 0. 6 表示内部一致性比较差。检验结果显示：劳动合同履行信任量表的内部一致性信度 Alpha 系数为 0. 858，劳动合同解除和终止信任量表的内部一致性信度 Alpha 系数为 0. 916，说明劳动合同制度信任测量表的内部一致性信度非常好。制度执行者声誉评价、制度执行者行为的合法性评价量表的 Alpha 系数值均大于 0. 8，说明这两个量表也具有很高的内部一致性（见表 2-3）。

表 2-3 　　　　　　　　　　　　信 度 检 验

量　　表	Alpha 系数
劳动合同履行信任	0. 858
劳动合同解除和终止信任	0. 916
制度执行者声誉评价	0. 916
制度执行者行为合法性评价	0. 832

二、研究的效度

效度检验采用探索性因子分析方法，通过 KMO、Bartlett 检验、因子提取数、方差累计解释率等几个参数对量表是否可以进行因子分析进行检验，从而检验量表的效度。通常，KMO 大于 0. 5 表示变量之间的相关性比较高，适合做因子分析；Bartlett 检验显著性水平越高，提取因子数越少，同时又能解释大部分方差，则说明量表中变量之间的相关性越高，因子分析的效度越高。

检验结果显示（见表 2-4）：劳动合同履行信任、劳动合同解除和终止信任量表的 KMO 分别为 0. 844、0. 900，Bartlett 检验显著性水平非常高（$p<0.000$），两个量表均可以提取 2 个公因子，方差累计解释率分别为 62. 638%、71. 697%。说明劳动合同履行信任量表、劳动合同解除和终止信任量表适合做因子分析。制度执行者声誉评价、制度执行者行为合法性评价两个量表的 KMO 检验值均大于 0. 8，Bartlett 通过检验（$p<0.000$），

两个量表均能提取一个公因子，且该公因子的方差解释率超过 60%，说明制度执行者声誉评价、制度执行者行为合法性评价量表均适合做因子分析。

表 2-4　　　　　　　　　　　　　　　**探索性因子分析**

量　　表	KMO 检验	Bartlett 检验	提取因子数	方差累计解释率
劳动合同履行信任	0.844	$p<0.000$	2	62.638%
劳动合同解除和终止信任	0.900	$p<0.000$	2	71.697%
制度执行者声誉评价	0.890	$p<0.000$	1	75.632%
制度执行者行为合法性评价	0.822	$p<0.000$	1	60.495%

探索性因子分析的目的在于确认量表因素的结构或一组变量的模型，其分析偏向于理论的产出，而非理论架构的检验。① 探索性因子分析所得到的因子结构不能检验量表的因子结构模型是否与实际搜集的数据契合，因此在探索性因子分析的基础上需要进一步进行验证性因子分析。

通过使用 Amos 7.0 软件进行验证性因子分析，对量表因子结构的假设模型与实际数据的适配度进行检验（见表 2-5）。具体检验指标包括：卡方检验，如果卡方值未达到 0.05 显著性水平，说明因子结构假设模型与实际数据可以吻合；RMSEA、RMR 值均小于 0.05，GFI、AGFI 值均大于 0.9 表示模型适配度佳。检验结果显示：劳动合同解除和终止信任量表、制度执行者声誉评价量表的卡方检验均未达到 0.05 显著性水平，RMSEA、RMR 值均小于 0.05，而且 GFI、AGFI 值均大于 0.9，说明劳动合同解除和终止信任量表、制度执行者声誉评价量表的整体适配度非常理想，效度非常高。劳动合同履行信任、制度执行者行为合法性评价量表的卡方值均达到 0.05 显著性水平，其中制度执行者行为合法性评价量表的显著性水平

---

① 吴明隆.结构方程模型——AMOS 的操作与应用［M］.重庆：重庆大学出版社，2010：212.

非常高（$p<0.000$），而且 RMSEA 大于 0.05，一定程度上说明这两个量表的因子结构假设与实际数据契合度不太高。但 RMR、GFI、AGFI 值达到适配的标准，劳动合同履行信任量表、制度执行者行为合法性评价量表的适配情况和量表的效度可以接受。

表 2-5 验证性因子分析

量　　表	χ^2检验	RMSEA	RMR	GFI	AGFI
劳动合同履行信任	0.042	0.025	0.020	0.998	0.985
劳动合同解除和终止信任	0.111	0.023	0.016	0.999	0.986
制度执行者声誉评价	0.278	0.015	0.006	0.998	0.993
制度执行者行为合法性评价	0.000	0.066	0.014	0.993	0.970

第三章　劳动合同制度信任的状况及差异

　　劳动合同与每一个劳动者息息相关，中国劳动合同制度为确立劳动者与用人单位之间的劳动关系，明确双方权利和义务，保护双方合法权益提供了制度支持和保障。然而自劳动合同制度实施以来，劳动合同在订立、履行和变更、解除和终止中不断出现问题和纠纷，各种劳动合同执行问题、劳动争议、劳资纠纷可能会使劳动者对劳动合同制度的评价不断下降，对劳动合同制度的信任度不断下滑，出现制度信任危机。对此，本章将关注劳动合同制度信任的状况，对劳动合同履行、劳动合同解除和终止，以及劳动合同制度整体的信任现状进行描述分析，考察和了解员工对劳动合同制度信任的基本状况。同时还将进一步比较分析主体特征不同的员工对劳动合同制度的信任状况，"制度体验"中不同的员工对劳动合同制度的信任状况，更为详细地呈现员工对劳动合同制度的信任特征和差异。

第一节　劳动合同制度信任的状况

　　研究中关注和分析的劳动合同制度信任由劳动合同履行信任、劳动合同解除和终止信任两个部分组成。考察劳动合同制度信任的状况，有必要对劳动合同履行信任、劳动合同解除和终止信任的具体状况同时进行描述和分析。

一、劳动合同履行信任测量指标的具体状况

根据《劳动合同法》中关于劳动合同履行规定的内容，将劳动合同履行信任操作化为对 9 个问题是否信任作为测量指标，使用李克特量表对这 9 个问题进行测量，信任程度即取值包含"完全相信""比较相信""一般""不太相信""完全不相信"五个等级。

分析劳动合同履行信任测量指标的具体状况（见表 3-1），我们有以下发现：

表 3-1 **劳动合同履行信任测量指标的具体状况（%）（N1143）**

	完全不相信	不太相信	一般	比较相信	完全相信
足额支付劳动报酬	0.70	3.06	11.20	36.40	48.64
支付加班费	4.90	12.42	22.92	29.75	30.01
缴纳养老保险	1.40	3.24	11.99	31.41	51.97
缴纳医疗保险	1.31	2.89	11.20	30.97	53.63
缴纳失业保险	3.76	8.05	14.96	25.63	47.59
缴纳工伤保险	2.45	5.42	16.62	27.65	47.86
缴纳住房公积金	10.06	10.67	15.84	23.45	39.98
不违章生产、冒险作业	3.15	4.29	18.72	32.37	41.47
因工负伤、患职业病时给予经济补偿	3.24	8.92	22.75	30.62	34.47

在"企业会足额支付劳动报酬"方面，员工具有比较高的信任度，85.04%的员工持信任态度，11.2%的员工的信任度一般，3.76%的员工对于企业会足额支付劳动报酬感到不信任。

在"企业会合理安排劳动时间，加班会按照《劳动合同法》规定支付加班费"方面，员工的整体信任度相对较低，60%左右的员工持信任态度，22.92%的员工的信任度一般，17.32%的员工对于企业会按照《劳动合同法》支付加班费感到不信任。

在"企业会缴纳'四险一金'"（养老保险、医疗保险、失业保险、工伤保险、住房公积金）方面，员工均具有较高的信任度，60%以上的员工对此持信任态度。比较而言，员工对企业会为他们缴纳养老保险的信任度最高，其他依次为缴纳医疗保险、工伤保险、失业保险，员工对企业会缴纳公积金的信任度最低。

在"企业不会违章生产、冒险作业"方面，员工具有比较高的信任度，73.84%的员工持信任态度，18.72%的员工的信任度一般，7.44%的员工对于企业不会违章生产、冒险作业感到不信任。

在"因工负伤、患职业病时，企业会按劳动合同法予以经济补偿"方面，员工的信任度相对较高，65.09%的员工持信任态度，22.75%的员工的信任度一般，12.16%的员工对患职业病、因工负伤，企业会按劳动合同法予以经济补偿感到不信任。

通过对劳动合同履行信任中9个指标的具体描述和分析，可以发现：员工对企业足额支付劳动报酬、缴纳"四险一金"等"直接性回报"获得的信任度，高于员工对企业会支付加班费、患职业病、因工负伤会给予经济补偿等"补偿性回报"获得的信任度。

二、劳动合同解除和终止信任测量指标的具体状况

根据《劳动合同法》中关于劳动合同解除和终止规定的内容，将劳动合同解除和终止信任操作化为对9个问题是否信任作为测量指标，使用李克特量表对这9个问题进行测量，信任程度即取值包含"完全相信""比较相信""一般""不太相信""完全不相信"五个等级。

分析劳动合同解除和终止信任测量指标的具体状况（见表3-2），我们有以下发现：

表3-2　劳动合同制度解除和终止信任测量指标的具体状况（%）（N1143）

	完全不相信	不太相信	一般	比较相信	完全相信
因工负伤时企业不会终止、解除劳动合同	2.01	13.39	24.15	34.12	26.33

续表

	完全不相信	不太相信	一般	比较相信	完全相信
患职业病时企业不会终止、解除劳动合同	2.62	13.12	28.00	33.07	23.13
患病者在医疗期间不会被企业终止、解除劳动合同	2.36	10.32	22.22	37.18	27.91
劳动合同未到期，企业不会终止、解除劳动合同	2.19	8.75	18.55	38.67	31.85
劳动合同未到期时企业终止、解除劳动合同会给予合理补偿	4.37	12.34	23.62	33.68	25.98
发生工伤时，企业会做工伤鉴定	2.27	10.06	24.23	34.82	28.61
出现纠纷时，企业会协商解决	2.62	9.10	26.77	35.48	26.07
出现纠纷时，企业会同意进行劳动调解、仲裁或到法院诉讼	2.71	12.42	27.91	33.42	23.53
纠纷不能协商解决时，企业会执行劳动仲裁或法院判决	3.67	11.29	27.82	33.33	23.88

在"因工负伤时企业不会终止、解除劳动合同"方面，员工具有相对较高的信任度，60.45%的员工对此持信任态度，24.15%的员工的信任度一般，15.40%的员工对于在因工负伤的情况下，企业不会终止、解除劳动合同持不信任态度。

在"患职业病时企业不会终止、解除劳动合同"方面，员工的信任度相对较低，56.20%的员工对此持信任态度，28.00%的员工的信任度一般，15.74%的员工对于在患职业病的情况下，企业不会终止、解除劳动合同持不信任态度。

在"患病者在医疗期间不会被企业终止、解除劳动合同"方面，员工具有相对较高的信任度，65.09%的员工对此持信任态度，22.22%的员工的信任度一般，12.68%的员工对于在患病医疗期间，企业不会终止、解除劳动合同持不信任态度。

在"劳动合同未到期，企业不会终止、解除劳动合同"方面，员工具有比较高的信任度，70.52%的员工对此持信任态度，18.55%的员工的信任度一般，10.94%的员工对于劳动合同未到期，企业不会终止、解除劳动合同持不信任态度。

在"劳动合同未到期时企业终止、解除劳动合同会给予合理补偿"方面，员工具有相对较高的信任度，59.66%的员工对此持信任态度，23.62%的员工的信任度一般，16.71%的员工对于劳动合同未到期，企业终止、解除劳动合同会给予合理补偿持不信任态度。

在"发生工伤时，企业会做工伤鉴定"方面，员工具有相对较高的信任度，63.43%的员工对此持信任态度，24.23%的员工的信任度一般，12.33%的员工对于发生工伤，企业会做工伤鉴定持不信任态度。

在"出现纠纷时企业会协商解决"方面，员工具有相对较高的信任度，61.55%的员工对此持信任态度，26.77%的员工的信任度一般，11.72%的员工对于劳动合同出现纠纷时，企业会协商解决持不信任态度。

在"出现纠纷时企业会同意进行劳动调解、仲裁或到法院诉讼"方面，员工的信任度相对较低，56.95%的员工对此持信任态度，27.91%的员工的信任度一般，15.13%的员工对于劳动合同在执行中出现纠纷时，企业会同意进行劳动调解、仲裁或到法院诉讼持不信任态度。

在"纠纷不能协商解决，企业会执行劳动仲裁或法院判决"方面，员工的信任度相对较低，57.21%的员工对此持信任态度，27.82%的员工的信任度一般，14.96%的员工对于劳动合同纠纷不能协商解决时，企业会执行劳动仲裁或法院判决持不信任态度。

通过对劳动合同解除和终止信任中9个指标的具体描述和分析，可以发现：员工对解除和终止劳动合同，企业应该履行的义务方面的信任度，高于涉及劳动关系争议，对企业处理劳动纠纷方面的信任度。

三、劳动合同制度信任的状况

为了综合测量员工对劳动合同履行、劳动合同解除和终止两个方面总的信任，形成一个对劳动合同履行信任、劳动合同解除和终止信任总的测量值，分别将 9 个测量指标形成劳动合同履行信任、劳动合同解除和终止信任两个 9~45 分取值的连续变量。

劳动合同制度信任由劳动合同履行信任、劳动合同解除和终止信任两个部分组成。为了测量劳动合同制度信任，将劳动合同履行信任 9 个测量指标赋分和劳动合同解除和终止信任 9 个测量指标赋分相加，形成一个 18~90 分取值的连续变量。

分析员工对劳动合同制度信任的状况（见表 3-3），我们有以下发现：

表 3-3　　　　　　　　　劳动合同制度信任状况

	均值（标准差）	中位值	最大值	最小值
劳动合同履行信任	36.39（6.72）	37	45	9
劳动合同解除和终止信任	33.38（7.48）	34	45	9
劳动合同制度信任	66.77（13.04）	71	90	22

员工对劳动合同履行信任的均值是 36.39，中位值是 37（最大值为 45，最小值为 9），员工对劳动合同履行信任的平均得分是 36.39，而且一半以上员工对劳动合同履行信任的得分高于 37。说明员工对劳动合同履行方面具有比较高的信任度。

员工对劳动合同解除和终止信任的均值是 33.38，中位值是 34（最大值为 45，最小值为 9），员工对劳动合同解除和终止信任的平均得分是 33.38，而且一半以上员工对劳动合同解除和终止信任的得分高于 34。说明员工对劳动合同解除和终止方面具有比较高的信任度。

员工对劳动合同制度信任的均值是 69.77，中位值是 71（最大值为

90，最小值为 25），员工对劳动合同制度信任的平均得分是 69.77，而且一半以上员工对劳动合同制度信任的得分高于 71。员工对劳动合同制度的信任度比较高。

在劳动合同制度中，劳动合同履行、劳动合同解除和终止，是劳动关系的两个不同方面、两个不同"过程"的规则，在劳动合同制度的实际执行中，也是不同的执行方式、不同的执行过程。整体而言，员工对劳动合同制度具有比较高的信任度，但进一步比较分析员工对劳动合同履行、劳动合同解除和终止两个方面的信任状况发现：员工对劳动合同履行的信任度高于对劳动合同解除和终止的信任度，即员工对企业履行支付劳动报酬、安排劳动时间、购买"五险一金"等方面责任的预期、信念，高于对企业在解除劳动合同、终止劳动关系，解决和处理劳动合同争议、纠纷等方面责任的预期、信念。

第二节　主体的"制度体验"的状况

本书关注和考察的主体的"制度体验"包括四个方面内容：员工对企业声誉的评价；员工对企业执行劳动合同制度行为的合法性评价；员工对企业执行劳动合同制度行为的合理性评价；员工对企业执行劳动合同制度结果或效果的满意度评价。

一、主体的"制度体验"测量指标的具体状况

（一）声誉评价

依据员工对所在企业的了解，将员工对企业的 5 个问题的评价作为测量声誉评价的指标。使用李克特量表对这 5 个问题进行测量，评价程度即取值分为五个等级："非常赞同""比较赞同""一般""不太赞同""非常不赞同"。

分析员工对企业声誉评价测量指标的具体状况（见表 3-4），我们有以

下发现：

表3-4   声誉评价测量指标的具体状况（%）（N1143）

	非常不赞同	不太赞同	一般	比较赞同	完全赞同
是一个遵纪守法的企业	0.96	1.92	14.35	33.07	49.69
是一个有社会责任的企业	0.79	2.19	18.72	33.33	44.97
是一个讲公平、公正的企业	2.19	5.34	21.35	32.28	38.85
是一个讲诚信的企业	1.40	3.05	18.20	32.02	45.32
是一个有发展前景的企业	1.49	4.81	25.37	28.00	40.33

员工对企业遵纪守法情况的评价中，82.76%的员工对所在企业"是一个遵纪守法的企业"持赞同态度，14.35%的员工认为企业的遵纪守法情况一般，2.88%的员工对所在企业"是一个遵纪守法的企业"持不赞同态度。员工对企业在遵纪守法方面具有比较高的评价。

员工对企业履行社会责任情况的评价中，78.30%的员工对所在企业"是一个有社会责任的企业"持赞同态度，18.72%的员工认为企业的履行社会责任情况一般，2.98%的员工对所在企业"是一个有社会责任的企业"持不赞同态度。员工对企业在履行社会责任方面具有比较高的评价。

员工对企业公平、公正方面的评价中，71.13%的员工对所在企业"是一个讲公平、公正的企业"持赞同态度，21.35%的员工认为企业讲公平、公正的情况一般，7.53%的员工对所在企业"是一个讲公平、公正的企业"持不赞同态度。员工对企业在讲公平、公正方面具有比较高的评价。

员工对企业诚信方面的评价中，77.34%的员工对所在企业"是一个讲诚信的企业"持赞同态度，18.20%的员工认为企业讲诚信的情况一般，4.45%的员工对所在企业"是一个讲诚信的企业"持不赞同态度。员工对企业在讲诚信方面具有比较高的评价。

员工对企业发展前景的评价中，68.33%的员工对所在企业"是一个有发展前景的企业"持赞同态度，25.37%的员工认为企业的发展前景的情况一般，6.30%的员工对所在企业"是一个有发展前景的企业"持不赞同态度。员工对企业发展前景具有比较高的评价。

（二）行为的合法性评价

依据员工与所在企业签订劳动合同的经历，将员工对企业签订劳动合同是否合法的5个问题的评价作为测量指标。使用李克特量表对这5个问题进行测量，评价程度即取值分为五个等级："完全符合""比较符合""一般""不太符合""完全不符合"。

分析员工对企业行为合法性评价测量指标的具体状况（见表3-5），我们有以下发现：

表3-5　　　　合法性评价测量指标的具体状况（%）（N1143）

	完全不符合	不太符合	一般	比较符合	完全符合
主动签订劳动合同	0.26	1.57	6.82	25.98	65.35
平等协商签订劳动合同	1.05	4.90	15.05	31.85	47.16
合同有约定的工作岗位、工作内容、薪酬	1.92	4.99	14.44	30.97	47.68
合同有约定的社会保险、劳动保护	0.96	3.06	11.11	32.20	52.67
合同内容，符合《劳动合同法》规定和要求	0.87	3.67	14.87	30.97	49.61

员工对企业签订劳动合同的主动性评价中，91.33%的员工认为企业是主动与自己签订劳动合同的，6.82%的员工对企业与自己签订劳动合同的

主动性评价一般，1.83%的员工认为企业不是主动与自己签订劳动合同的。员工对企业主动签订劳动合同的合法性方面具有非常高的评价。

员工对企业签订劳动合同的平等协商性评价中，79.01%的员工认为企业与自己是平等协商地签订劳动合同，15.05%的员工对企业与自己签订劳动合同的平等协商性评价一般，5.95%的员工认为企业不是与自己平等协商地签订劳动合同。员工对企业平等协商签订劳动合同的合法性方面具有比较高的评价。

员工对签订的劳动合同有约定的工作岗位、工作内容、薪酬的评价中，78.65%的员工认为签订的劳动合同有约定的这些内容，14.44%的员工对其评价一般，6.91%的员工认为签订的劳动合同没有约定的工作岗位、工作内容、薪酬内容。员工对签订的劳动合同包含法律约定内容（工作岗位、工作内容、薪酬）的合法性方面具有比较高的评价。

员工对签订的劳动合同有约定的社会保险、劳动保护内容的评价中，84.87%的员工认为签订的劳动合同有约定的这些内容，11.11%的员工对其评价一般，4.02%的员工认为签订的劳动合同没有约定的社会保险、劳动保护内容。员工对签订的劳动合同包含法律约定内容（社会保险、劳动保护）的合法性方面具有比较高的评价。

员工对签订的劳动合同内容符合《劳动合同法》规定的评价中，80.58%的员工认为签订的劳动合同内容符合《劳动合同法》规定，14.87%的员工对其评价一般，4.54%的员工认为签订的劳动合同内容并不符合《劳动合同法》的规定。员工对签订的劳动合同内容符合《劳动合同法》这一合法性方面具有比较高的评价。

（三）行为的合理性评价

依据员工个人收入、社会保险获得情况，将员工对企业工资报酬发放、办理社会保险是否合理的2个问题的评价作为测量指标。评价程度即取值分为五个等级："非常合理""比较合理""一般""不太合理""非常不合理"。

分析员工对企业行为合理性评价测量指标的具体状况（见表3-6），我们有以下发现：

表3-6　　　　**合理性评价测量指标的具体状况（%）（N1143）**

	非常不合理	不太合理	一般	比较合理	非常合理
收入合理性	3.15	13.47	39.46	39.46	4.46
社会保险获得的合理性	2.01	7.26	30.27	50.13	10.32

员工对企业工资报酬发放的合理性评价中，43.92%的员工认为其收入是合理的，39.46%的员工对收入回报的合理性评价一般，16.62%的员工认为其收入不合理。员工对企业工资报酬发放的合理性评价较低。

员工对企业办理社会保险的合理性评价中，60.45%的员工认为其社会保险获得是合理的，30.27%的员工对社会保险获得的合理性评价一般，9.27%的员工认为其社会保险的获得不合理。员工对企业办理社会保险的合理性具有相对较高的评价。

（四）执行结果或效果的满意度评价

依据劳动合同内容和劳动合同实施、执行情况，将员工对劳动合同内容，劳动合同实施、执行是否满意的2个问题的评价作为测量指标。评价程度即取值分为五个等级："非常满意""比较满意""一般""不太满意""非常不满意"。

分析员工对企业执行结果、效果的满意度评价测量指标的具体状况（见表3-7），我们有以下发现：

表 3-7　　　　　　满意度评价测量指标的具体状况（%）（N1143）

	非常不满意	不太满意	一般	比较满意	非常满意
劳动合同内容的满意度	0.96	4.02	27.56	56.08	11.37
劳动合同实施、执行的满意度	0.96	4.90	27.12	55.38	11.64

员工对劳动合同内容的满意度评价中，67.45%的员工对劳动合同内容感到满意，27.56%的员工对劳动合同内容的满意度一般，4.98%的员工对劳动合同内容感到不满意。员工对劳动合同内容具有比较高的满意度。

员工对劳动合同实施、执行的满意度评价中，67.02%的员工对劳动合同实施、执行感到满意，27.12%的员工对劳动合同实施、执行的满意度一般，5.86%的员工对劳动合同实施、执行感到不满意。员工对劳动合同实施、执行具有比较高的满意度。

二、主体的"制度体验"的状况

为考察主体的"制度体验"的状况，分别从整体状况和分组状况对主体的"制度体验"的状况进行描述和分析。

为了综合测量员工对四个方面主体的"制度体验"总体状况，分别形成四个方面主体的"制度体验"总的测量值，分别将各个方面"制度体验"的测量指标的取值相加，声誉评价形成 5~25 分取值的连续变量，合法性评价形成 5~25 分取值的连续变量，合理性评价形成 2~10 分取值的连续变量，满意度评价形成 2~10 分取值的连续变量。

整体分析主体的"制度体验"的状况（见表 3-8），我们有以下发现：

表 3-8　　　　　　　　主体的"制度体验"的整体状况

	均值（标准差）	中位值	最大值	最小值
声誉评价	20.66（4.07）	21	25	5
合法性评价	21.49（3.55）	22	25	5

	均值（标准差）	中位值	最大值	最小值
合理性评价	6.88（1.46）	7	10	2
满意度评价	7.45（1.43）	8	10	2

员工对企业声誉评价的均值是 20.66，中位值是 21（最大值为 25，最小值为 5），员工对企业声誉评价的平均得分是 20.66，而且一半以上员工对企业声誉评价的得分高于 21。说明员工对企业声誉具有比较高的评价。

员工对企业行为合法性评价的均值是 21.49，中位值是 22（最大值为 25，最小值为 5），员工对企业行为合法性评价的平均得分是 21.49，而且一半以上员工对企业行为合法性评价的得分高于 22。说明员工对企业行为的合法性具有比较高的评价。

员工对企业行为合理性评价的均值是 6.88，中位值是 7（最大值为 10，最小值为 2），员工对企业行为合理性评价的平均得分是 6.88，而且一半以上员工对企业行为合理性评价的得分高于 7。说明员工对企业行为的合理性具有比较高的评价。

员工对企业执行结果或效果满意度评价的均值是 7.45，中位值是 8（最大值为 10，最小值为 2），员工对企业执行结果或效果满意度评价的平均得分是 7.45，而且一半以上员工对企业执行结果或效果满意度评价的得分高于 8。说明员工对企业执行结果或效果的满意度具有比较高的评价。

为了测量员工对企业声誉评价、行为合法性评价、合理性评价、执行结果或效果满意度评价的倾向，研究中将声誉评价、合法性评价、合理性评价、满意度评价的连续变量取值划分为 3 个等间距的分组取值，形成包含 3 个取值的定序层次变量。

进一步分组分析主体的"制度体验"的状况（见表 3-9），我们发现：

表 3-9 主体的"制度体验"具体状况（%）（N1143）

声誉评价	赞同	一般	不赞同
	73.58	23.62	2.80
合法性评价	合法	一般	不合法
	80.84	17.76	1.40
合理性评价	合理	一般	不合理
	39.11	54.33	6.56
满意度评价	满意	一般	不满意
	61.41	35.00	3.59

员工对企业的声誉评价比较高，73.58%的员工认为企业具有非常高的声誉；23.62%的员工认为企业的声誉情况一般；仅有2.80%的员工对企业的声誉情况给予较低的评价。

员工对企业行为的合法性评价非常高，80.58%的员工认为企业在劳动合同签订方面具有合法性；17.76%的员工认为企业行为的合法性情况一般；只有1.40%的员工对企业行为的合法性给予较低的评价。

员工对企业行为的合理性评价比较低，近40%的员工认为企业在工资报酬发放和办理社会保险方面具有较高的合理性；54.33%的员工认为企业行为的合理性情况一般；6.56%的员工对企业行为的合理性给予较低的评价。

员工对企业执行结果或效果的满意度评价比较高，61.41%的员工对企业执行劳动合同制度的结果或效果感到满意；35%的员工认为执行结果或效果的情况一般；3.59%的员工对企业执行结果或效果的满意度给予较低的评价。

比较分析四个方面主体的"制度体验"的情况发现：员工对企业行为的合法性评价最高，其他依次为声誉评价、满意度评价，员工对企业行为的合理性评价最低。进一步比较发现，相比于主体对制度执行过程的合理性、执行结果或效果满意度的直接评价，主体对制度执行者宏观、整体、间接的声誉方面的评价更高。

第三节　劳动合同制度信任的差异

一、劳动合同制度信任的主体特征差异

（一）劳动合同制度信任的自然特征差异

分析不同自然特征员工对劳动合同制度信任的状况（见表3-10），我们有以下发现：

表3-10　　自然特征因素与劳动合同制度信任的交互分析（N1143）

制 度 信 任	性　别		差异显著性检验
	男	女	
劳动合同履行信任	36.40	36.37	$t=0.06$，$p<0.949$
劳动合同解除和终止信任	33.67	33.05	$t=1.49$，$p<0.161$
劳动合同制度信任	70.7	69.42	$t=0.84$，$p<0.402$

制 度 信 任	年　龄（岁）				差异显著性检验
	19~24	25~34	35~44	45~60	
劳动合同履行信任	34.92	36.98	36.46	35.92	$F=3.93$，$p<0.008$
劳动合同解除和终止信任	31.92	33.60	33.40	33.77	$F=2.18$，$p<0.088$
劳动合同制度信任	66.84	70.59	69.86	69.69	$F=3.10$，$p<0.026$

男性员工和女性员工对劳动合同履行信任、劳动合同解除和终止信任、劳动合同制度信任的差异均不显著；不同性别员工对劳动合同制度信任没有显著差异。

不同年龄段员工对劳动合同履行信任具有显著差异（F，$p<0.008$）。

其中 25~34 岁年龄段员工对劳动合同履行的信任度最高；其次为 35~44 岁、45~60 岁年龄段的员工；19~24 岁年龄段员工对劳动合同履行的信任度最低。

不同年龄段员工对劳动合同解除和终止信任具有一定差异（F, $p < 0.088$）。其中，25~34 岁、35~44 岁、45~60 岁三个年龄段员工对劳动合同解除和终止的信任度的差异比较小，相对而言 45~60 岁年龄段员工对劳动合同解除和终止的信任度最高；19~24 岁年龄段员工对劳动合同解除和终止的信任度最低。

不同年龄段员工对劳动合同制度信任具有显著差异（F, $p < 0.026$）。其中 25~34 岁、35~44 岁、45~60 岁三个年龄段员工对劳动合同制度的信任度差异比较小，相对而言 25~34 岁年龄段员工对劳动合同制度的信任度最高；19~24 岁年龄段员工对劳动合制度的信任度最低。

（二）劳动合同制度信任的从业特征差异

分析不同从业特征员工对劳动合同制度信任的状况（见表 3-11），我们有以下发现：

表 3-11　从业特征因素与劳动合同制度信任的交互分析（N1143）

制度信任	岗位类型						差异显著性检验
	高层管理者	中层管理者	低层管理者	专业技术人员	办事人员、职员	工人、营业员、服务员等雇员	
劳动合同履行信任	38.55	37.73	37.45	36.86	36.55	33.83	$F = 11.80$, $p < 0.000$
劳动合同解除和终止信任	37.42	34.54	33.96	33.74	32.92	31.58	$F = 6.74$, $p < 0.000$
劳动合同制度信任	75.97	72.27	71.41	70.60	69.46	65.41	$F = 10.30$, $p < 0.000$

制度信任	企业规模					差异显著性检验
	50 人及以下	51~100 人	101~500 人	501~2000 人	2000 人以上	
劳动合同履行信任	34.74	34.87	36.16	37.51	38.46	$F = 12.70$, $p < 0.000$
劳动合同解除和终止信任	32.49	32.49	32.96	33.81	35.42	$F = 6.92$, $p < 0.000$
劳动合同制度信任	66.87	67.37	69.12	71.32	73.88	$F = 11.03$, $p < 0.000$

在不同岗位工作的员工对劳动合同履行信任、劳动合同解除和终止信任、劳动合同制度信任均具有显著差异（F，$p < 0.000$）。其中，高层管理者对劳动合同履行、劳动合同解除和终止、劳动合同制度的信任度均最高；其他依次为中层管理者，低层管理者，专业技术人员，办事人员、职员；工人、营业员、服务员等雇员对劳动合同履行、劳动合同解除和终止、劳动合同制度的信任度均最低。

在不同规模企业工作的员工对劳动合同履行信任、劳动合同解除和终止信任、劳动合同制度信任均具有显著差异（F，$p < 0.000$）。其中，在2000 人以上规模企业工作的员工对劳动合同履行、劳动合同解除和终止、劳动合同制度的信任度均最高；企业规模减小，员工对劳动合同履行、劳动合同解除和终止、劳动合同制度的信任度均随之逐渐降低；在 50 人及以下规模企业工作的员工，对劳动合同履行、劳动合同解除和终止、劳动合同制度的信任度均最低。

（三）劳动合同制度信任的体制身份差异

分析不同体制身份员工对劳动合同制度信任的状况（见表 3-12），我们有以下发现：

表 3-12 　体制身份因素与劳动合同制度信任的交互分析 （N1143）

制 度 信 任	户 籍		差异显著性检验
	城镇户籍	农业户籍	
劳动合同履行信任	36.79	35.04	$t=-3.74$, $p<0.000$
劳动合同解除和终止信任	33.77	32.09	$t=-3.20$, $p<0.000$
劳动合同制度信任	70.56	67.14	$t=-3.77$, $p<0.000$
制 度 信 任	所有制		差异显著性检验
	公有制	私有制	
劳动合同履行信任	37.63	35.38	$t=-5.73$, $p<0.000$
劳动合同解除和终止信任	34.97	32.09	$t=-6.58$, $p<0.000$
劳动合同制度信任	72.60	67.47	$t=-6.75$, $p<0.000$

不同户籍身份员工中，城镇户籍与农业户籍员工对劳动合同履行信任、劳动合同解除和终止信任、劳动合同制度信任均具有显著差异 （t, $p<0.000$）。其中，城镇户籍员工对劳动合同履行、劳动合同解除和终止、劳动合同制度的信任度均高于农业户籍员工。

不同所有制身份员工中，公有制身份与私有制身份员工对劳动合同履行信任、劳动合同解除和终止信任、劳动合同制度信任均具有显著差异（t, $p<0.000$）。其中公有制身份员工对劳动合同履行、劳动合同解除和终止、劳动合同制度的信任度均高于私有制身份员工。

（四） 劳动合同制度信任的人力资本差异

分析不同人力资本员工对劳动合同制度信任的状况（见表 3-13），我们有以下发现：

表 3-13　　人力资本因素与劳动合同制度信任的交互分析（N1143）

制度信任	受教育水平					差异显著性检验
	小学及以下	初中	高中/中专/技校	本科/专科	研究生及以上	
劳动合同履行信任	29.50	33.00	34.82	37.36	39.38	$F = 18.77$, $p < 0.000$
劳动合同解除和终止信任	24.50	31.90	32.23	33.87	36.87	$F = 8.35$, $p < 0.000$
劳动合同制度信任	54.00	64.90	67.05	71.23	76.25	$F = 14.5$, $p < 0.000$
制度信任	工作年限					差异显著性检验
	1年及以下	超过1年不足3年	超过3年不足10年	超过10年不足15年	15年及以上	
劳动合同履行信任	34.47	36.14	36.93	37.09	37.60	$F = 6.77$, $p < 0.000$
劳动合同解除和终止信任	31.17	33.23	33.47	34.47	35.67	$F = 9.32$, $p < 0.000$
劳动合同制度信任	65.63	69.38	70.40	71.56	73.28	$F = 9.30$, $p < 0.000$

　　不同受教育水平的员工对劳动合同履行信任、劳动合同解除和终止信任、劳动合同制度信任均具有显著差异（F，$p < 0.000$）。研究生及以上受教育水平员工对劳动合同履行、劳动合同解除和终止、劳动合同制度的信任度均最高；其他依次为本科/专科、高中/中专/技校、初中受教育水平的员工；小学及以下受教育水平员工对劳动合同履行、劳动合同解除和终止、劳动合同制度的信任度均最低。

　　不同工作年限的员工对劳动合同履行信任、劳动合同解除和终止信任、劳动合同制度信任均具有显著差异（F，$p < 0.000$）。工作年限超过15

年即有 15 年及以上工龄的员工，对劳动合同履行、劳动合同解除和终止、劳动合同制度的信任度均最高；其他依次为工作年限超过 10 年不足 15 年、超过 3 年不足 10 年、超过 1 年不足 3 年的员工；工作年限为 1 年及以下的员工对劳动合同履行、劳动合同解除和终止、劳动合同制度的信任度均最低。

二、主体的"制度体验"差异与劳动合同制度信任差异

（一）劳动合同制度信任的员工声誉评价差异

分析对企业声誉评价不同的员工对劳动合同制度信任的状况（见表 3-14），我们发现：对企业声誉评价不同的员工，其对劳动合同履行信任、劳动合同解除和终止信任、劳动合同制度信任均具有显著差异（F，$p<0.000$）。对企业声誉评价比较高的员工对劳动合同履行、劳动合同解除和终止、劳动合同制度的信任度也均比较高；对企业声誉评价比较低的员工，对劳动合同履行、劳动合同解除和终止、劳动合同制度的信任度也均比较低。

表 3-14　　声誉评价与劳动合同制度信任的交互分析（N1143）

	赞　同	一　般	不赞同	差异显著性检验
劳动合同履行信任	37.96	32.42	28.56	$F=108.93$，$p<0.000$
劳动合同解除和终止信任	35.11	28.99	24.97	$F=105.49$，$p<0.000$
劳动合同制度信任	73.07	61.41	53.53	$F=131.72$，$p<0.000$

（二）劳动合同制度信任的员工合法性评价差异

分析对企业行为合法性评价不同的员工对劳动合同制度信任的状况（见表 3-15），我们发现：对企业行为合法性评价不同的员工，其对劳动合同履行信任、劳动合同解除和终止信任、劳动合同制度信任均具有显著差

异（ F ， p<0.000）。对企业行为合法性评价比较高的员工对劳动合同履行、劳动合同解除和终止、劳动合同制度的信任度也均比较高；对企业行为合法性评价比较低的员工，对劳动合同履行、劳动合同解除和终止、劳动合同制度的信任度也均比较低。

表3-15　　合法性评价与劳动合同制度信任的交互分析（N1143）

	合　法	一　般	不合法	差异显著性检验
劳动合同履行信任	37.97	30.12	24.50	$F = 182.43$ ， $p < 0.000$
劳动合同解除和终止信任	34.92	27.69	22.56	$F = 109.96$ ， $p < 0.000$
劳动合同制度信任	72.78	57.82	47.06	$F = 174.92$ ， $p < 0.000$

（三）劳动合同制度信任的员工合理性评价差异

分析对企业行为合理性评价不同的员工对劳动合同制度信任的状况（见表3-16），我们发现：对企业行为合理性评价不同的员工，其对劳动合同履行信任、劳动合同解除和终止信任、劳动合同制度信任均具有显著差异（ F ， p<0.000）。对企业行为合理性评价比较高的员工对劳动合同履行、劳动合同解除和终止、劳动合同制度的信任度也均比较高；对企业行为合理性评价比较低的员工对劳动合同履行、劳动合同解除和终止、劳动合同制度的信任度也均比较低。

表3-16　　合理性评价与劳动合同制度信任的交互分析（N1143）

	合　理	一　般	不合理	差异显著性检验
劳动合同履行信任	39.50	35.00	28.76	$F = 139.76$ ， $p < 0.000$
劳动合同解除和终止信任	37.10	31.38	27.76	$F = 118.67$ ， $p < 0.000$
劳动合同制度信任	76.69	66.38	56.52	$F = 155.93$ ， $p < 0.000$

（四）劳动合同制度信任的员工满意度评价差异

分析对企业执行结果或效果满意度评价不同的员工对劳动合同制度信任的状况（见表3-17），我们发现：对企业执行结果或效果的满意度评价不同的员工，其对劳动合同履行信任、劳动合同解除和终止信任、劳动合同制度信任均具有显著差异（F，$p<0.000$）。对企业执行结果或效果的满意度评价比较高的员工对劳动合同履行、劳动合同解除和终止、劳动合同制度的信任度也均比较高；对企业执行结果或效果的满意度评价比较低的员工对劳动合同履行、劳动合同解除和终止、劳动合同制度的信任度也均比较低。

表3-17　　**满意度评价与劳动合同制度信任的交互分析（N1143）**

	满意	一般	不满意	差异显著性检验
劳动合同履行信任	38.89	33.06	26.00	$F=196.68$，$p<0.000$
劳动合同解除和终止信任	36.24	29.41	23.17	$F=195.66$，$p<0.000$
劳动合同制度信任	75.13	62.47	49.17	$F=248.13$，$p<0.000$

第四节　本 章 小 结

考察劳动合同制度信任的状况，分析不同主体特征、不同主体的"制度体验"中员工对劳动合同制度信任的差异，本章得到以下四个发现：

第一，主体对劳动合同制度具有比较高的信任度。员工对劳动合同履行、劳动合同解除和终止、劳动合同制度均具有比较高的信任度；比较后发现，员工对劳动合同履行的信任度高于对劳动合同解除和终止的信任度。

第二，主体对企业的声誉、行为合法性、行为合理性、执行结果或效果满意度具有比较高的评价。具体比较后发现，员工对企业行为的合法性评价最高，其他依次为声誉评价、满意度评价，员工对企业行为的合理性评价最低。相比于主体对制度执行过程的合理性、执行结果或效果满意度的直接评价，主体对制度执行者宏观、整体、间接的声誉评价相对更高。

第三，主体的特征不同，显示出对劳动合同制度的信任的差异。自然特征方面，不同年龄段员工对劳动合同制度信任具有显著差异，25~34岁年龄段员工对劳动合同履行、劳动合同制度的信任度最高；45~60岁年龄段员工对劳动合同解除和终止的信任度最高；19~24岁年龄段员工对劳动合同履行、劳动合同解除和终止、劳动合同制度的信任度均最低。从业特征方面，员工的工作岗位级别越高，对劳动合同履行、劳动合同解除和终止、劳动合同制度的信任度越高；员工所在的企业规模越大，对劳动合同履行、劳动合同解除和终止、劳动合同制度的信任度越高。体制身份方面，城镇户籍员工较之农业户籍员工、公有制身份员工较之私有制身份员工，对劳动合同履行、劳动合同解除和终止、劳动合同制度的信任度更高。人力资本方面，员工的受教育水平越高，对劳动合同履行、劳动合同解除和终止、劳动合同制度的信任度越高；员工在企业工作的时间越长，对劳动合同履行、劳动合同解除和终止、劳动合同制度的信任度越高。

第四，主体的"制度体验"不同，显示出其对劳动合同制度信任的差异。员工对企业声誉评价、行为的合法性、合理性评价、执行结果或效果的满意度评价，与其对劳动合同履行信任、劳动合同解除和终止信任、劳动合同制度信任均呈正相关关系；对企业评价比较高的员工，予以劳动合同履行、劳动合同解除和终止、劳动合同制度的信任度也均比较高；对企业评价比较低的员工，予以劳动合同履行、劳动合同解除和终止、劳动合同制度的信任度也均比较低。

第五，研究发现，主体的"制度体验"不同，显示出其对劳动合同履行、劳动合同解除和终止、劳动合同制度的信任差异。但主体的"制度体验"中的劳动合同制度信任差异，无法直接解释、说明主体的"制度体验"对劳动合同制度信任的作用关系。劳动合同制度信任同时受到多种因素的共同影响，需要控制其他影响因素，才能准确分析主体的"制度体验"对劳动合同制度信任的真正影响作用。对此，将在下一章中做进一步考察和分析。

第四章 主体的"制度体验"对劳动合同制度信任的直接影响

人们对制度确定不移的信任不是一种自然而然产生、形成的客观现象，在了解制度执行者或经历制度执行的过程后，形成的"制度体验"是影响他们对制度信任的重要因素。研究主体的"制度体验"与劳动合同制度信任之间的关系，需要进一步考察：主体的"制度体验"对劳动合同制度信任是否有显著影响？主体的"制度体验"对劳动合同制度信任的影响作用如何？存在怎样的差异？对此本章将分析主体的"制度体验"对劳动合同制度信任的直接影响作用。

第一节 问题与假设

任何一项社会制度都是由特定主体（组织、机构、个人）来实施、执行的，制度执行者的声誉水平，执行制度的行为、结果或效果会影响信任主体对这项制度的预期和信念。学界提出影响制度信任的两个作用因素：制度执行者及其行为、制度执行的结果或效果。信任主体判断制度执行者在哪些方面可被信任，这项制度是否可被信任时，首先会对制度执行者在相关制度规定上的日常表现予以评估，分析制度执行者在多大程度上按照制度规则和程序执行制度，自己利益的哪些方面会被执行者考虑和顾及。① 一般情况下，如果制度执行者的执行行为、结果或效果符合或高于信任主

---

① 邹宇春. 提升制度信任：确保政府良性运行的重要方向 [J]. 中国发展观察，2014（8）.

体对制度的预期，那么信任主体就会积极预期制度执行者未来的行为，对制度产生信任，否则低于预期会导致对制度的不信任。①

任何一项信任活动都是指向未来，包含着对信任客体能够"不负所托"的预期，而人们对未来具有风险性预期所做的信任判断和抉择，往往来源于社会生活实践，准确来说以社会生活实践中的感受、认知、评价为参照或依据。在一项制度的实施、执行过程中，信任主体是制度实施、执行的作用客体，被制度约束或保护。基于自己或他人社会生活实践的经历、经验，信任主体对制度执行者的声誉、执行行为、执行结果或效果等方面的感受、认知、评价即"制度体验"会直接影响、强化或销蚀对制度的信任判断。那么，影响信任的更直接因素是人们在社会生活实践中所产生的感知、体验、评价，影响制度信任的更直接因素是主体对制度执行者及其行为、执行制度的结果或效果等不同方面的评价即"制度体验"。由此提出假设：主体的"制度体验"显著影响劳动合同制度信任。主体的"制度体验"包括四个方面：声誉评价、行为的合法性评价、行为的合理性评价、执行结果或效果的满意度评价，依此提出四个研究假设。

假设1：员工对企业的声誉评价显著影响其劳动合同制度信任；员工对企业的声誉评价越高，予以劳动合同制度的信任度越高。

假设2：员工对企业执行制度行为的合法性评价显著影响其劳动合同制度信任；员工对企业行为的合法性评价越高，予以劳动合同制度的信任度越高。

假设3：员工对企业执行制度行为的合理性评价显著影响其劳动合同制度信任；员工对企业行为的合理性评价越高，予以劳动合同制度的信任度越高。

假设4：员工对企业执行制度结果或效果的满意度评价显著影响其劳动合同制度信任；员工对企业执行结果或效果的满意度评价越高，予以劳动合同制度的信任度越高。

---

① 房莉杰. 新型农村合作医疗制度信任的形成过程［M］. 北京：社会科学文献出版社，2014：34-35.

信任建立在个体与个体、群体、机构、制度、组织的不断互动基础上，并受个体的人格特征、社会阶层、受教育程度等微观因素影响和制约。[①] 因此，考察员工的劳动合同制度信任影响因素，还需要对员工的从业特征、体制身份和人力资本等个体微观因素予以关注和分析。

中国劳动力市场中的劳资关系，在劳动力供给大于需求的现状下呈现出明显的"资强劳弱"特征。这种"资强劳弱"的非对称性关系，使企业在劳资契约关系游戏规则的制定方面占据着明显的主导地位。[②] 相关研究发现，不同规模企业对劳动合同制度的实施、执行具有明显的差异，员工劳动合同的签订、执行情况与企业规模相关联。首先，企业规模大小决定了科层化管理的需求和要求，企业的规模越大，科层化管理的需求越高、要求越明确，实施、执行劳动合同制度作为制度化管理的手段之一，劳动合同制度在规模大的企业更可能被遵守。其次，不同规模企业被监管的力度不同，合法性压力存在很大差异，大规模企业一般高度依赖政府各项政策决议，同时置身于政府的严密监管之下，承担更多合法性压力，对政府制定的各项政策更为敏感，更可能按照劳动合同制度规定签订、执行劳动合同。加之，规模大的企业较之规模小的企业更在乎企业声誉，具有更高的制度压力，大规模企业履行社会责任、响应政策程度更高，与小规模企业相比更可能遵守劳动合同制度规则，执行劳动合同制度。[③]

社会分层研究中，职业是社会阶层划分的重要标准、依据，相对于收入、受教育水平，职业更能综合反映阶层之间的差异。员工的职业地位水平不同，企业对劳动合同制度的响应程度呈现出一定差异性。职业声望、地位越高的员工，越可能获取更多利益、资源和劳动保障的机会，更可能签订劳动合同，获得健全、稳定的劳动保障。同时，员工的岗位级别与企

① 杨宜音，王俊秀. 当代中国社会心态研究 [M]. 北京：社会科学文献出版社，2013：129.

② 罗宁. 中国转型期劳资关系冲突与合作研究——基于合作博弈的比较制度分析 [D]. 成都：西南财经大学，2009.

③ 刘林平，陈小娟. 制度合法性压力与劳动合同签订——对珠三角农民工劳动合同的定量研究 [J]. 中山大学学报，2010（1）.

业中的科层位置相对应，较高岗位级别员工对制度的执行及落实情况更敏感，维权意识更高，相比于低岗位级别员工，企业更可能保障高岗位级别员工的劳动权益。

由此，在不同规模企业工作，从事不同岗位的员工，其劳动合同制度被遵守和实施、执行的差异性，使他们对劳动合同制度的信任会呈现出不同的状态。对此需要分析员工的从业特征对劳动合同制度信任的影响作用。

中国转型时期劳动力市场分割及其衍生的社会不平等的研究中，城乡分割和"国有—非国有"部门分割一直是主要关注点。① 不同户籍身份、所有制身份劳动者在城市劳动力市场中的资源分配、社会地位等方面的差别，构成了中国城市劳动力市场的一个基础性的不平等结构。② 这种不平等对待主要体现为不同户籍身份、不同所有制身份劳动者在就业岗位和工资收入上的差异，③ 同时在劳动合同签订、劳动保障获得方面也有所体现。④

首先，中国的劳资关系在不同户籍身份的工人之间存在区别对待现象，农民工与城市工两种户籍身份劳动者在工资收入、参加或享受养老保险、医疗保险、失业保险等社会福利保障方面存在很大差异。⑤ 户籍制度因素尽管已不构成农村劳动力进入城镇劳动力市场的直接制度性障碍，但在剔除学历等其他因素的影响后，净户籍效应对劳动力进入城镇劳动力市场后的劳资关系具有影响，体现为就业过程中的工资和其他保障上的歧视。⑥ 姚先国、赖普清在对中国劳资关系的分析中发现：中国的劳资关系

---

① 张展新. 劳动力市场的产业分割与劳动人口流动 [J]. 中国人口科学，2004（2）.

② 李骏. 中国城市劳动力市场中的户籍分层 [J]. 社会学研究，2011（2）.

③ 王美艳. 城市劳动力市场上的就业机会与工资差异——外来劳动力就业与报酬研究 [J]. 中国社会科学，2005（5）.

④ 姚先国，赖普清. 中国劳资关系的城乡户籍差异 [J]. 经济研究，2004（7）.

⑤ 姚先国，赖普清. 中国劳资关系的城乡户籍差异 [J]. 经济研究，2004（7）.

⑥ 范雷. 城市化进程中的劳动力市场分割 [J]. 江苏社会科学，2012（5）.

在不同身份的工人之间存在不容忽视的差异。这类区别对待并不主要是基于工人们的生产力差别,而主要是基于工人们的身份差别——城市与农村的户籍差别。① 农民工与城市工两种户籍身份劳动者在工资收入、参加或享受养老保险、医疗保险、失业保险等社会福利保障方面存在很大差异。孟凡强、吴江通过全国调查数据,对劳动合同签订的户籍身份差异进行研究,发现劳动力个体特征差异解释了城乡劳动力劳动合同签订率差异的70.82%,户籍歧视解释的部分占 29.18%,在劳动合同签订方面,农村劳动力受到了比较严重的户籍歧视。②

其次,中国劳资关系中的差异,还体现在另一种体制身份之上——公有制与私有制身份劳动者的工资水平、劳动保障、劳动者权益的不平等问题。有学者对不同所有制企业的劳资关系研究发现:国有企业一方面沿袭计划经济时期的"低工资,高福利"制度,③ 另一方面距离制度环境最近,面对国家制度合法性压力,对国家政策的响应程度强,使企业员工的待遇和劳动权益能够得到充分保障。④ 民营、私营企业由于产权特性,对劳资关系的处理比较简单粗暴,工人的福利待遇较差,并且往往缺乏一套规范、明晰和公正的内部管理制度规定以实现工人的工资福利和劳动保障。⑤

由此,城乡户籍、体制内外不同身份员工与用人单位之间的劳资关系情况,会使各户籍、体制身份员工对劳动合同制度产生不同的信任。因而也有必要考察员工的体制身份对劳动合同制度信任的影响作用。

---

① 姚先国,赖普清. 中国劳资关系的城乡户籍差异 [J]. 经济研究,2004(7).

② 孟凡强,吴江. 中国劳动力市场中的户籍歧视与劳资关系城乡差异 [J]. 世界经济文汇,2014(2).

③ 罗忠勇,尉建文. 挫折经历、人力资本、企业制度与城市工的社会不公平感——以 10 家企业工人的社会不公平感为例 [J]. 社会,2009(2).

④ 刘林平,陈小娟. 制度合法性压力与劳动合同签订——对珠三角农民工劳动合同的定量研究 [J]. 中山大学学报,2010(1).

⑤ 罗忠勇,尉建文. 挫折经历、人力资本、企业制度与城市工的社会不公平感——以 10 家企业工人的社会不公平感为例 [J]. 社会,2009(2).

　　人力资本是增加未来收益的一种投资，通过教育、培训、保健等形式付出的货币支出、时间支出和经历支出，能够提升个人生产和获取资源能力，影响未来收入、就业机会和职业地位。美国著名的劳动经济学家明瑟尔（Mincer）以学校教育年限、工作年限及工作年限的平方作为解释变量，以个人收入为被解释变量，建立了人力资本收益率计算方程，认为劳动者所接受的正规学校教育，以及在工作中工作经验的积累，这两项人力资本的投资是劳动者收入差异的决定因素。① 韦尔奇（Welch）提出人力资本的"生产性价值"理论，认为教育具有生产能力和配置能力，生产能力是指受教育程度较高的劳动者与其他生产要素相结合能生产出更多的产品；配置能力是适应不断变化的能力，能够发现、抓住机会，使既定资源得到最有效配置。② 人力资本在市场经济中对个人社会地位、企业效益、社会发展等方面具有不可替代的生产性价值。在劳动权益保障方面，人力资本的作用主要表现为：劳动者的人力资本越丰富，生产能力越强，越可能创造更多的经济效益，较高的个人市场回报率使企业更可能遵守劳动合同制度，保障劳动权益。③ 劳动者受教育水平越高，工作经验越丰富，劳动者的维权意识越强，越能把握获取劳动权益保障的机会。④

　　由此，劳动者的人力资本使他们具有与企业"讨价还价"的条件和能力，企业也需要雇佣人力资本高的员工。那么，具有不同人力资本的劳动者所获得的劳动合同保障不一样，对劳动合同制度的信任也可能不同。对此还需要考察员工的人力资本对劳动合同制度信任的影响作用。

---

　　① Mincer J. Schooling, Experience and Earnings [M]. New York：Columbia University Press for the National Bureau of Economic Research，1974：7-22；方芳. 明瑟尔人力资本理论 [J]. 教育与经济，2006（2）.

　　② Welch F. Education in Production [J]. Journal of Political Economy，1970，78（1）；赖德胜. 教育、劳动力市场与收入分配 [J]. 经济研究，1998（5）.

　　③ 刘林平，陈小娟. 制度合法性压力与劳动合同签订——对珠三角农民工劳动合同的定量研究 [J]. 中山大学学报，2010（1）.

　　④ 聂伟. 农民工劳动权益及其影响因素研究——基于珠三角地区农民工的调查 [J]. 湖南农业大学学报，2011（4）.

第二节 声誉评价对劳动合同制度信任的直接影响

本书中采用嵌套模型分析员工对企业的声誉评价予以劳动合同履行信任、劳动合同解除和终止信任、劳动合同制度信任的影响。模型一是对控制变量与声誉评价影响作用的分析;模型二、三、四分别是在前一个模型基础上逐步加入从业特征、体制身份、人力资本,比较分析模型逐步加入新的变量,声誉评价对劳动合同履行信任、劳动合同解除和终止任信任、劳动合同制度信任的影响作用变化。

一、声誉评价对劳动合同履行信任的直接影响效应

考察员工对企业的声誉评价予以劳动合同履行信任的影响(见表 4-1)发现:

表 4-1 　　　　声誉评价对劳动合同履行信任影响的 OLS 回归

	模型一	模型二	模型三	模型四
控制变量				
性别(女性=0)	0.417	-0.172	-0.183	-0.202
	(0.369)	(0.364)	(0.362)	(0.358)
年龄	0.405**	0.298*	0.261+	0.229
	(0.147)	(0.144)	(0.145)	(0.168)
年龄平方	-0.005**	-0.004+	-0.003+	-0.003
	(0.002)	(0.002)	(0.002)	(0.002)
声誉评价(不赞同=0)				
一般	3.909***	3.670**	3.654***	3.579**
	(1.150)	(1.114)	(1.107)	(1.096)
赞同	9.471***	8.910***	8.752***	8.613***
	(1.109)	(1.082)	(1.075)	(1.067)

续表

	模型一	模型二	模型三	模型四
从业特征				
岗位类型（工人等 = 0）				
高层管理者		2.764*	2.926**	1.637
		(1.109)	(1.104)	(1.132)
中层管理者		2.555***	2.695***	1.562**
		(0.558)	(0.558)	(0.603)
低层管理者		2.741***	2.718***	1.896**
		(0.612)	(0.609)	(0.628)
专业技术人员		2.283***	2.174***	1.148*
		(0.528)	(0.525)	(0.566)
办事人员、职员		2.159***	2.049***	1.284*
		(0.585)	(0.585)	(0.607)
企业规模（50人及以下 = 0）				
51~100人		0.394	0.238	0.013
		(0.611)	(0.608)	(0.604)
101~500人		1.480**	1.055+	0.895+
		(0.541)	(0.547)	(0.542)
501~2000人		2.815***	2.266***	1.867**
		(0.632)	(0.642)	(0.641)
2000人以上		3.916***	3.126***	2.580***
		(0.587)	(0.615)	(0.619)
体制身份				
户籍（农业 = 0）			0.772+	0.222
			(0.436)	(0.448)
所有制（私有 = 0）			1.397***	1.001*
			(0.385)	(0.396)

续表

	模型一	模型二	模型三	模型四
人力资本				
受教育年限				0.353 ***
				(0.083)
工作年限				0.099
				(0.080)
工作年限平方				−0.000
				(0.002)
常数项	21.084 ***	19.859 ***	20.237 ***	17.172 ***
	(2.852)	(2.814)	(2.804)	(3.218)
样本量	1143	1143	1143	1143
调整 R^2	0.163	0.223	0.233	0.249

注：括号内为标准误；$+ p < 0.10$，$* p < 0.05$，$** p < 0.01$，$*** p < 0.001$

第一，控制性别、年龄，模型二至模型四逐步加入从业特征、体制身份、人力资本变量后，四个模型中声誉评价"赞同"与"不赞同"，以及"一般"与"不赞同"的差异均达到 0.001 显著性水平。员工对企业的声誉评价显著影响其对劳动合同履行的信任。

第二，比较声誉评价变量在四个模型中的系数发现：在逐步加入从业特征、体制身份、人力资本变量后，声誉评价变量的系数值变化幅度比较小。四个模型中声誉评价"赞同""一般"的系数值最大与最小值之差分别不到 1 个单位（0.858）和 0.5 个单位（0.33）。声誉评价对劳动合同履行信任的影响比较稳定。

第三，进一步分析声誉评价的系数发现：员工对企业的声誉评价比较高和一般的，较之声誉评价低的员工，对劳动合同履行的信任度更高。员工对企业的声誉评价越高，予以劳动合同履行的信任度越高。

二、声誉评价对劳动合同解除和终止信任的直接影响效应

考察员工对企业的声誉评价予以劳动合同解除和终止信任的影响（见表 4-2）发现：

表 4-2　　声誉评价对劳动合同解除和终止信任影响的 OLS 回归

	模型一	模型二	模型三	模型四
控制变量				
性别（女性＝0）	0.909 * (0.412)	0.393 (0.415)	0.380 (0.410)	0.357 (0.407)
年龄	0.107 (0.164)	0.010 (0.165)	−0.019 (0.165)	−0.013 (0.191)
年龄平方	−0.001 (0.002)	0.001 (0.002)	0.001 (0.002)	−0.000 (0.003)
声誉评价（不赞同＝0）				
一般	4.143 ** (1.282)	4.056 ** (1.269)	4.025 ** (1.255)	4.048 ** (1.246)
赞同	10.379 *** (1.237)	10.056 *** (1.232)	9.835 *** (1.219)	9.895 *** (1.212)
从业特征				
岗位类型（工人等＝0）				
高层管理者		3.502 ** (1.263)	3.790 ** (1.252)	3.080 * (1.286)
中层管理者		1.609 * (0.636)	1.852 ** (0.632)	1.166 + (0.685)
低层管理者		1.501 * (0.697)	1.500 * (0.691)	1.006 (0.714)
专业技术人员		1.626 ** (0.601)	1.490 * (0.596)	0.884 (0.643)

续表

	模型一	模型二	模型三	模型四
办事人员、职员		0.859 (0.667)	0.767 (0.663)	0.380 (0.689)
企业规模（50 人及以下 = 0）				
51~100 人		0.753 (0.695)	0.518 (0.689)	0.269 (0.687)
101~500 人		0.959 (0.616)	0.352 (0.620)	0.193 (0.616)
501~2000 人		1.681* (0.719)	0.881 (0.728)	0.440 (0.729)
2000 人以上		3.431*** (0.669)	2.281** (0.698)	1.704* (0.704)
体制身份				
户籍（农业 = 0）			0.662 (0.495)	0.320 (0.509)
所有制（私有 = 0）			2.142*** (0.437)	1.621*** (0.450)
人力资本				
受教育年限				0.173+ (0.095)
工作年限				0.118 (0.091)
工作年限平方				0.001 (0.003)
常数项	21.594*** (3.180)	21.170*** (3.204)	21.484*** (3.179)	20.168*** (3.657)
样本量	1143	1143	1143	1143
调整 R^2	0.161	0.188	0.206	0.218

注：括号内为标准误；+ $p < 0.10$，* $p < 0.05$，** $p < 0.01$，*** $p < 0.001$

第一，控制性别、年龄，模型二至模型四逐步加入从业特征、体制身份、人力资本变量后，四个模型中声誉评价"赞同"与"不赞同"的差异达到 0.001 显著性水平；声誉评价"一般"与"不赞同"的差异达到 0.01 显著性水平。员工对企业的声誉评价显著影响其对劳动合同解除和终止的信任。

第二，比较声誉评价变量在四个模型中的系数发现：在逐步加入从业特征、体制身份、人力资本变量后，声誉评价变量的系数值变化幅度比较小。四个模型中声誉评价"赞同""一般"的系数最大值与最小值之差分别不到 1 个单位（0.544）和 0.5 个单位（0.118）。声誉评价对劳动合同解除和终止信任的影响稳定。

声誉评价的系数发现：员工对企业的声誉评价比较高和一般的，较之声誉评价低的员工，对劳动合同解除和终止的信任度更高。员工对企业的声誉评价越高，予以劳动合同解除和终止的信任度越高。

三、声誉评价对劳动合同制度信任的直接影响效应

考察员工对企业的声誉评价予以劳动合同制度信任的影响（见表 4-3）发现：

表 4-3　　　　**声誉评价对劳动合同制度信任影响的 OLS 回归**

	模型一	模型二	模型三	模型四
控制变量				
性别（女性=0）	1.326[+] (0.704)	0.221 (0.700)	0.197 (0.692)	0.155 (0.685)
年龄	0.513[+] (0.281)	0.309 (0.277)	0.241 (0.278)	0.217 (0.321)
年龄平方	−0.006 (0.004)	−0.003 (0.004)	−0.003 (0.004)	−0.004 (0.004)

续表

	模型一	模型二	模型三	模型四
声誉评价 （不赞同＝0）				
一般	8.052 ***	7.726 ***	7.679 ***	7.626 ***
	(2.194)	(2.140)	(2.116)	(2.095)
赞同	19.850 ***	18.966 ***	18.586 ***	18.507 ***
	(2.116)	(2.078)	(2.056)	(2.039)
从业特征				
岗位类型（工人等＝0）				
高层管理者		6.265 **	6.716 **	4.717 *
		(2.130)	(2.111)	(2.163)
中层管理者		4.164 ***	4.547 ***	2.728 *
		(1.072)	(1.066)	(1.153)
低层管理者		4.242 ***	4.218 ***	2.902 *
		(1.176)	(1.165)	(1.201)
专业技术人员		3.909 ***	3.664 ***	2.032 +
		(1.014)	(1.005)	(1.082)
办事人员、职员		3.018 **	2.816 *	1.664
		(1.124)	(1.119)	(1.159)
企业规模（50人及以下＝0）				
51～100人		1.147	0.755	0.282
		(1.173)	(1.162)	(1.155)
101～500人		2.439 *	1.407	1.088
		(1.038)	(1.045)	(1.036)
501～2000人		4.496 ***	3.147 *	2.307 +
		(1.213)	(1.227)	(1.226)
2000人以上		7.347 ***	5.407 ***	4.284 ***
		(1.127)	(1.176)	(1.184)

续表

	模型一	模型二	模型三	模型四
体制身份				
户籍（农业＝0）			1.434[+]	0.542
			(0.834)	(0.855)
所有制（私有＝0）			3.539***	2.622***
			(0.736)	(0.757)
人力资本				
受教育年限				0.525**
				(0.160)
工作年限				0.217
				(0.152)
工作年限平方				0.000
				(0.005)
常数项	42.678***	41.029***	41.721***	37.340***
	(5.441)	(5.403)	(5.360)	(6.151)
样本量	1143	1143	1143	1143
调整 R^2	0.191	0.239	0.256	0.271

注：括号内为标准误；$+ p < 0.10$，$* p < 0.05$，$** p < 0.01$，$*** p < 0.001$

第一，控制性别、年龄，模型二至模型四逐步加入从业特征、体制身份、人力资本变量后，四个模型中声誉评价"赞同"与"不赞同"，以及"一般"与"不赞同"的差异均达到 0.001 显著性水平。员工对企业的声誉评价显著影响其对劳动合同制度的信任。

第二，比较声誉评价变量在四个模型中的系数发现：在逐步加入从业特征、体制身份、人力资本变量后，声誉评价变量的系数值变化相对较小。四个模型中声誉评价"赞同""一般"的系数最大值与最小值之差分别为 1.343 和 0.426 个单位。声誉评价对劳动合同制度信任的影响比较稳定。

第三，进一步分析声誉评价的系数发现：员工对企业的声誉评价比较高和一般的,较之声誉评价低的员工,对劳动合同制度的信任度更高。员工对企业的声誉评价越高,予以劳动合同制度的信任度越高。

第四,综合员工对企业的声誉评价予以劳动合同履行信任、劳动合同解除和终止信任、劳动合同制度信任的影响发现:员工对企业的声誉评价显著影响劳动合同制度信任,而且声誉评价对劳动合同制度信任具有显著的正向影响效应,即员工对企业的声誉评价越高,予以劳动合同制度的信任度越高。由此,假设 1 初步被证实。

第三节 合法性评价对劳动合同制度信任的直接影响

本书中采用嵌套模型,分析员工对企业行为的合法性评价予以劳动合同履行信任、劳动合同解除和终止信任、劳动合同制度信任的影响。模型一是对控制变量与合法性评价影响作用的分析;模型二、模型三、模型四分别是在前一个模型基础上逐步加入从业特征、体制身份、人力资本,比较分析模型逐步加入新的变量,合法性评价对劳动合同履行信任、劳动合同解除和终止信任、劳动合同制度信任的影响作用变化。

一、合法性评价对劳动合同履行信任的直接影响效应

考察员工对企业行为的合法性评价予以劳动合同履行信任的影响(见表 4-4)发现:

表 4-4 合法性评价对劳动合同履行信任影响的 OLS 回归

	模型一	模型二	模型三	模型四
控制变量				
性别(女性=0)	0.280 (0.350)	-0.253 (0.348)	-0.258 (0.345)	-0.276 (0.342)

续表

	模型一	模型二	模型三	模型四
年龄	0.343*	0.249+	0.221	0.131
	(0.140)	(0.138)	(0.139)	(0.161)
年龄平方	-0.004*	-0.003	-0.003	-0.002
	(0.002)	(0.002)	(0.002)	(0.002)
合法性评价（不合法=0）				
一般	5.612***	5.741***	5.622***	5.737***
	(1.524)	(1.481)	(1.470)	(1.461)
合法	13.456***	13.007***	12.795***	12.759***
	(1.482)	(1.443)	(1.433)	(1.424)
从业特征				
岗位类型（工人等=0）				
高层管理者		2.842**	3.014**	1.878+
		(1.058)	(1.051)	(1.079)
中层管理者		2.410***	2.567***	1.538**
		(0.532)	(0.531)	(0.575)
低层管理者		2.285***	2.272***	1.535*
		(0.587)	(0.583)	(0.601)
专业技术人员		1.622**	1.517**	0.603
		(0.509)	(0.505)	(0.543)
办事人员、职员		1.753**	1.663**	0.992+
		(0.561)	(0.559)	(0.580)
企业规模（50人及以下=0）				
51~100人		-0.152	-0.311	-0.513
		(0.584)	(0.580)	(0.577)
101~500人		0.962+	0.519	0.390
		(0.517)	(0.522)	(0.519)

续表

	模型一	模型二	模型三	模型四
501～2000 人		2.392***	1.811**	1.485*
		(0.604)	(0.613)	(0.613)
2000 人以上		3.162***	2.328***	1.877**
		(0.562)	(0.587)	(0.592)
体制身份				
户籍（农业＝0）			0.617	0.118
			(0.417)	(0.428)
所有制（私有＝0）			1.544***	1.181**
			(0.367)	(0.379)
人力资本				
受教育年限				0.318***
				(0.080)
工作年限				0.137+
				(0.076)
工作年限平方				−0.002
				(0.002)
常数项	18.139***	17.442***	17.775***	15.785***
	(2.869)	(2.837)	(2.819)	(3.162)
样本量	1143	1143	1143	1143
调整 R^2	0.243	0.290	0.301	0.313

注：括号内为标准误；$+ p < 0.10$，$* p < 0.05$，$** p < 0.01$，$*** p < 0.001$

第一，控制性别、年龄，模型二至模型四逐步加入从业特征、体制身份、人力资本变量后，四个模型中合法性评价"合法"与"不合法"，以及"一般"与"不合法"的差异均达到 0.001 显著性水平。员工对企业行为的合法评价显著影响其对劳动合同履行的信任。

第二，比较合法性评价变量在四个模型中的系数变化发现：在逐步加入从业特征、体制身份、人力资本变量后，合法性评价变量的系数值变化幅度比较小。四个模型中合法性评价"合法""一般"的系数最大值与最小值之差分别不到 1 个单位（0.697）和 0.5 个单位（0.129）。合法性评价对劳动合同履行信任的影响比较稳定。

第三，进一步分析合法性评价的系数发现：员工对企业行为的合法性评价比较高和一般的，较之合法性评价低的员工，对劳动合同履行的信任度更高。员工对企业行为的合法性评价越高，予以劳动合同履行的信任度越高。

二、合法性评价对劳动合同解除和终止信任的直接影响效应

考察员工对企业行为的合法性评价予以劳动合同解除和终止信任的影响（见表 4-5）发现：

表 4-5 合法性评价对劳动合同解除和终止信任影响的 OLS 回归

	模型一	模型二	模型三	模型四
控制变量				
性别（女性=0）	0.724[+] （0.410）	0.234 （0.415）	0.229 （0.409）	0.203 （0.407）
年龄	0.048 （0.164）	−0.045 （0.165）	−0.068 （0.165）	−0.127 （0.191）
年龄平方	0.000 （0.002）	0.001 （0.002）	0.001 （0.002）	0.001 （0.003）
合法性评价（不合法=0）				
一般	5.528[**] （1.783）	5.518[**] （1.765）	5.296[**] （1.744）	5.490[**] （1.737）
合法	12.720[***] （1.734）	12.289[***] （1.720）	11.954[***] （1.699）	12.073[***] （1.694）
从业特征				

续表

	模型一	模型二	模型三	模型四
岗位类型（工人等＝0）				
高层管理者		4.004**	4.294***	3.681**
		（1.260）	（1.246）	（1.283）
中层管理者		1.733**	1.991**	1.358*
		（0.634）	（0.629）	（0.684）
低层管理者		1.263+	1.266+	0.815
		（0.699）	（0.691）	（0.715）
专业技术人员		1.151+	1.010+	0.460
		（0.606）	（0.599）	（0.646）
办事人员、职员		0.653	0.567	0.230
		（0.668）	（0.663）	（0.690）
企业规模（50人及以下＝0）				
51~100人		0.162	−0.078	−0.316
		（0.695）	（0.688）	（0.687）
101~500人		0.462	−0.184	−0.321
		（0.617）	（0.619）	（0.617）
501~2000人		1.254+	0.395	0.018
		（0.719）	（0.726）	（0.729）
2000人以上		2.683***	1.452*	0.953
		（0.670）	（0.696）	（0.704）
体制身份				
户籍（农业＝0）			0.579	0.260
			（0.495）	（0.510）
所有制（私有＝0）			2.352***	1.874***
			（0.436）	（0.450）
人力资本				
受教育年限				0.160+
				（0.095）

	模型一	模型二	模型三	模型四
工作年限				0.158^{+}
				(0.091)
工作年限平方				−0.001
				(0.003)
常数项	20.023^{***}	20.308^{***}	20.662^{***}	20.277^{***}
	(3.356)	(3.380)	(3.343)	(3.760)
样本量	1143	1143	1143	1143
调整 R^2	0.165	0.187	0.207	0.217

注：括号内为标准误；$+ p < 0.10$，$* p < 0.05$，$** p < 0.01$，$*** p < 0.001$

第一，控制性别、年龄，模型二至模型四逐步加入从业特征、体制身份、人力资本变量后，四个模型中合法性评价"合法"与"不合法"的差异达到 0.001 显著性水平；合法性评价"一般"与"不合法"的差异达到 0.01 显著性水平。员工对企业行为的合法评价显著影响其对劳动合同解除和终止的信任。

第二，比较合法性评价变量在四个模型中的系数变化发现：在逐步加入从业特征、体制身份、人力资本变量后，合法性评价变量的系数值变化比较小。四个模型中合法性评价"合法""一般"的系数最大值与最小值之差分别不到 1 个单位（0.766）和 0.5 个单位（0.232）。合法性评价对劳动合同解除和终止信任的影响比较稳定。

第三，进一步分析合法性评价的系数发现：员工对企业行为的合法性评价比较高和一般的，较之合法性评价低的员工，对劳动合同解除和终止的信任度更高。员工对企业行为的合法性评价越高，予以劳动合同解除和终止的信任度越高。

三、合法性评价对劳动合同制度信任的直接影响效应

考察员工对企业行为的合法性评价予以劳动合同制度信任的影响（见表4-6）发现：

表4-6　　　　合法性评价对劳动合同制度信任影响的 OLS 回归

	模型一	模型二	模型三	模型四
控制变量				
性别（女性＝0）	1.003	−0.019	−0.029	−0.073
	(0.683)	(0.682)	(0.673)	(0.668)
年龄	0.391	0.204	0.154	0.004
	(0.273)	(0.271)	(0.271)	(0.313)
年龄平方	−0.004	−0.002	−0.002	−0.001
	(0.004)	(0.004)	(0.004)	(0.004)
合法性评价（不合法＝0）				
一般	11.141***	11.259***	10.918***	11.228***
	(2.972)	(2.905)	(2.869)	(2.851)
合法	26.176***	25.295***	24.750***	24.832***
	(2.890)	(2.831)	(2.795)	(2.779)
从业特征				
岗位类型（工人等＝0）				
高层管理者		6.846***	7.307***	5.559**
		(2.074)	(2.050)	(2.106)
中层管理者		4.144***	4.558***	2.896*
		(1.044)	(1.035)	(1.123)
低层管理者		3.547**	3.538**	2.351*
		(1.151)	(1.137)	(1.174)

续表

	模型一	模型二	模型三	模型四
专业技术人员		2.773**	2.526*	1.063
		(0.998)	(0.986)	(1.060)
办事人员、职员		2.406*	2.230*	1.222
		(1.100)	(1.091)	(1.133)
企业规模（50 人及以下 = 0）				
51~100 人		0.010	−0.388	−0.830
		(1.145)	(1.132)	(1.127)
101~500 人		1.424	0.335	0.069
		(1.015)	(1.019)	(1.012)
501~2000 人		3.646**	2.206+	1.503
		(1.184)	(1.195)	(1.196)
2000 人以上		5.844***	3.779**	2.830*
		(1.102)	(1.146)	(1.155)
体制身份				
户籍（农业 = 0）			1.196	0.378
			(0.814)	(0.836)
所有制（私有 = 0）			3.896***	3.055***
			(0.717)	(0.739)
人力资本				
受教育年限				0.478**
				(0.156)
工作年限				0.294*
				(0.149)
工作年限平方				−0.003
				(0.005)
常数项	38.162***	37.749***	38.437***	36.062***
	(5.592)	(5.563)	(5.499)	(6.170)

续表

	模型一	模型二	模型三	模型四
样本量	1143	1143	1143	1143
调整 R^2	0.267	0.274	0.293	0.305

注：括号内为标准误；+ $p < 0.10$，* $p < 0.05$，** $p < 0.01$，*** $p < 0.001$

第一，控制性别、年龄，模型二至模型四逐步加入从业特征、体制身份、人力资本变量后，四个模型中合法性评价"合法"与"不合法"，以及"一般"与"不合法"的差异均达到 0.001 显著性水平。员工对企业行为的合法性评价显著影响其对劳动合同制度的信任。

第二，比较合法性评价变量在四个模型中的系数变化发现：在逐步加入从业特征、体制身份、人力资本变量后，合法性评价变量的系数值变化相对较小。四个模型中合法性评价"合法""一般"的系数最大值与最小值之差分别为 1.426 和 0.341 个单位。合法性评价对劳动合同制度信任的影响比较稳定。

第三，进一步分析合法性评价的系数发现：员工对企业行为的合法性评价比较高和一般的，较之合法性评价低的员工，对劳动合同制度的信任度更高。员工对企业行为的合法性评价越高，予以劳动合同制度的信任度越高。

第四，综合员工对企业行为的合法性评价予以劳动合同履行信任、劳动合同解除和终止信任、劳动合同制度信任的影响发现：员工对企业行为的合法性评价显著影响劳动合同制度信任，而且合法性评价对劳动合同制度信任具有显著的正效应，即员工对企业行为的合法性评价越高，予以劳动合同制度的信任度越高。由此，假设2初步被证实。

第四节　合理性评价对劳动合同制度信任的直接影响

本书中采用嵌套模型，分析员工对企业行为的合理性评价予以劳动合同履行信任、劳动合同解除和终止信任、劳动合同制度信任的影响。模型一是对控制变量与合理性评价影响作用的分析；模型二、模型三、模型四分别是在前一个模型基础上逐步加入从业特征、体制身份、人力资本，比较分析模型逐步加入新的变量，合理性评价对劳动合同履行信任、劳动合同解除和终止任信任、劳动合同制度信任的影响作用变化。

一、合理性评价对劳动合同履行信任的直接影响效应

考察员工对企业行为的合理性评价予以劳动合同履行信任的影响（见表 4-7）发现：

表 4-7　　**合理性评价对劳动合同履行信任影响的 OLS 回归**

	模型一	模型二	模型三	模型四
控制变量				
性别（女性＝0）	0.297 (0.361)	−0.203 (0.358)	−0.206 (0.354)	−0.225 (0.350)
年龄	0.373** (0.144)	0.284* (0.142)	0.237+ (0.142)	0.139 (0.164)
年龄平方	−0.005* (0.002)	−0.004+ (0.002)	−0.003+ (0.002)	−0.002 (0.002)
合理性评价（不合理＝0）				
一般	6.155*** (0.738)	5.885*** (0.720)	5.825*** (0.713)	5.778*** (0.710)
合理	10.779*** (0.753)	10.202*** (0.744)	10.142*** (0.736)	10.011*** (0.733)
从业特征				
岗位类型（工人等＝0）				
高层管理者		2.253* (1.093)	2.391* (1.083)	1.201 (1.109)

续表

	模型一	模型二	模型三	模型四
中层管理者		2.126***	2.264***	1.176*
		(0.552)	(0.548)	(0.592)
低层管理者		2.739***	2.683***	1.895**
		(0.601)	(0.595)	(0.614)
专业技术人员		2.515***	2.360***	1.375*
		(0.518)	(0.513)	(0.553)
办事人员、职员		2.200***	2.036***	1.319*
		(0.574)	(0.571)	(0.592)
企业规模（50人及以下=0）				
51~100人		0.100	−0.081	−0.301
		(0.599)	(0.594)	(0.590)
101~500人		1.404**	0.878	0.734
		(0.531)	(0.535)	(0.531)
501~2000人		2.467***	1.794**	1.444*
		(0.620)	(0.627)	(0.627)
2000人以上		3.470***	2.502***	2.014***
		(0.577)	(0.601)	(0.605)
体制身份				
户籍（农业=0）			1.009*	0.470
			(0.426)	(0.438)
所有制（私有=0）			1.708***	1.314***
			(0.376)	(0.387)
人力资本				
受教育年限				0.335***
				(0.082)
工作年限				0.149+
				(0.078)

续表

	模型一	模型二	模型三	模型四
工作年限平方				-0.002
				（0.002）
常数项	22.166***	20.680***	21.059***	19.115***
	（2.639）	（2.624）	（2.604）	（3.022）
样本量	1143	1143	1143	1143
调整 R^2	0.199	0.251	0.268	0.282

注：括号内为标准误；$+ p < 0.10$，$* p < 0.05$，$** p < 0.01$，$*** p < 0.001$

第一，控制性别、年龄，模型二至模型四逐步加入从业特征、体制身份、人力资本变量后，四个模型中合理性评价"合理"与"不合理"，以及"一般"与"不合理"的差异均达到0.001显著性水平。员工对企业行为的合理性价显著影响其对劳动合同履行的信任。

第二，比较合理性评价变量在四个模型中的系数变化发现：在逐步加入从业特征、体制身份、人力资本变量后，合理性评价变量的系数值变化比较小。四个模型中，合理性评价"合理""一般"的系数最大值与最小值之差分别不到1个单位（0.768）和0.5个单位（0.377）。合理性评价对劳动合同履行信任的影响比较稳定。

第三，进一步分析合理性评价的系数发现：员工对企业行为的合理性评价比较高和一般的，较之合理性评价低的员工，对劳动合同履行的信任度更高。员工对企业行为的合理性评价越高，予以劳动合同履行的信任度越高。

二、合理性评价对劳动合同解除和终止信任的直接影响效应

考察员工对企业行为的合理性评价予以劳动合同解除和终止信任的影响（见表4-8）发现：

表 4-8　合理性评价对劳动合同解除和终止信任影响的 OLS 回归

	模型一	模型二	模型三	模型四
控制变量				
性别（女性＝0）	0.740⁺	0.310	0.308	0.284
	(0.408)	(0.413)	(0.406)	(0.404)
年龄	0.104	0.024	−0.020	−0.097
	(0.163)	(0.164)	(0.163)	(0.189)
年龄平方	−0.001	0.000	0.000	0.001
	(0.002)	(0.002)	(0.002)	(0.003)
合理性评价（不合理＝0）				
一般	3.738***	3.521***	3.454***	3.589***
	(0.835)	(0.832)	(0.818)	(0.818)
合理	9.464***	9.012***	8.941***	9.006***
	(0.851)	(0.858)	(0.845)	(0.844)
从业特征				
岗位类型（工人等＝0）				
高层管理者		3.085*	3.331**	2.678*
		(1.261)	(1.243)	(1.279)
中层管理者		1.360*	1.592*	0.910
		(0.637)	(0.629)	(0.682)
低层管理者		1.577*	1.532*	1.047
		(0.693)	(0.683)	(0.707)
专业技术人员		2.023***	1.828**	1.229⁺
		(0.598)	(0.589)	(0.637)
办事人员、职员		1.051	0.886	0.513
		(0.662)	(0.656)	(0.683)
企业规模（50人及以下＝0）				
51～100人		0.379	0.118	−0.123
		(0.692)	(0.682)	(0.680)

续表

	模型一	模型二	模型三	模型四
101~500 人		0.767 (0.613)	0.041 (0.614)	−0.097 (0.611)
501~2000 人		1.219[+] (0.716)	0.274 (0.721)	−0.100 (0.723)
2000 人以上		2.853*** (0.666)	1.494* (0.690)	0.993 (0.698)
体制身份				
户籍（农业=0）			0.983* (0.490)	0.636 (0.504)
所有制（私有=0）			2.498*** (0.431)	2.014*** (0.446)
人力资本				
受教育年限				0.173[+] (0.094)
工作年限				0.171[+] (0.090)
工作年限平方				−0.002 (0.003)
常数项	24.837*** (2.983)	24.267*** (3.029)	24.572*** (2.990)	24.339*** (3.482)
样本量	1143	1143	1143	1143
调整 R^2	0.174	0.195	0.221	0.231

注：括号内为标准误；$+ p < 0.10$，$* p < 0.05$，$** p < 0.01$，$*** p < 0.001$

第一，控制性别、年龄，模型二至模型四逐步加入从业特征、体制身份、人力资本变量后，四个模型中合理性评价"合理"与"不合理"，"一般"与"不合理"的差异均达到 0.001 显著性水平。员工对企业行为的合理性价显著影响其对劳动合同解除和终止的信任。

第二,比较合理性评价变量在四个模型中的系数变化发现:在逐步加入从业特征、体制身份、人力资本变量后,合理性评价变量的系数值变化比较小。四个模型中,合理性评价"合理""一般"的系数最大值与最小值之差分别不到 1 个单位(0.523)和 0.5 个单位(0.284)。合理性评价对劳动合同解除和终止信任的影响比较稳定。

第三,进一步分析合理性评价的系数发现:员工对企业行为的合理性评价比较高和一般的,较之合理性评价低的员工,对劳动合同解除和终止的信任度更高。员工对企业行为的合理性评价越高,予以劳动合同解除和终止的信任度越高。

三、合理性评价对劳动合同制度信任的直接影响效应

考察员工对企业行为的合理性评价予以劳动合同制度信任的影响(见表 4-9)发现:

表 4-9　　　　合理性评价对劳动合同制度信任影响的 OLS 回归

	模型一	模型二	模型三	模型四
控制变量				
性别(女性=0)	1.037 (0.693)	0.107 (0.691)	0.101 (0.679)	0.059 (0.673)
年龄	0.477[+] (0.277)	0.308 (0.275)	0.217 (0.273)	0.042 (0.315)
年龄平方	−0.006 (0.004)	−0.003 (0.004)	−0.003 (0.004)	−0.001 (0.004)
合理性评价(不合理=0)				
一般	9.893*** (1.417)	9.407*** (1.393)	9.279*** (1.369)	9.367*** (1.364)

续表

	模型一	模型二	模型三	模型四
合理	20.244***	19.215***	19.083***	19.017***
	(1.445)	(1.438)	(1.413)	(1.408)
从业特征				
岗位类型（工人等=0）				
高层管理者		5.337*	5.722**	3.879+
		(2.113)	(2.080)	(2.133)
中层管理者		3.486**	3.856***	2.086+
		(1.066)	(1.053)	(1.138)
低层管理者		4.316***	4.215***	2.942*
		(1.161)	(1.142)	(1.180)
专业技术人员		4.538***	4.187***	2.604*
		(1.001)	(0.986)	(1.063)
办事人员、职员		3.250**	2.922**	1.832
		(1.110)	(1.097)	(1.139)
企业规模（50人及以下=0）				
51~100人		0.479	0.036	-0.424
		(1.159)	(1.141)	(1.135)
101~500人		2.172*	0.919	0.637
		(1.027)	(1.028)	(1.020)
501~2000人		3.686**	2.068+	1.344
		(1.199)	(1.206)	(1.205)
2000人以上		6.323***	3.995***	3.007**
		(1.115)	(1.155)	(1.164)
体制身份				
户籍（农业=0）			1.993*	1.106
			(0.819)	(0.841)

续表

	模型一	模型二	模型三	模型四
所有制（私有 = 0）			4.206*** (0.722)	3.328*** (0.744)
人力资本				
受教育年限				0.508** (0.157)
工作年限				0.320* (0.150)
工作年限平方				−0.004 (0.005)
常数项	47.003*** (5.065)	44.947*** (5.074)	45.631*** (5.003)	43.454*** (5.809)
样本量	1143	1143	1143	1143
调整 R^2	0.216	0.256	0.282	0.295

注：括号内为标准误；+ $p < 0.10$，* $p < 0.05$，** $p < 0.01$，*** $p < 0.001$

第一，控制性别、年龄，模型二至模型四逐步加入从业特征、体制身份、人力资本变量后，四个模型中合理性评价"合理"与"不合理"，以及"一般"与"不合理"的差异均达到 0.001 显著性水平。员工对企业行为的合理性评价显著影响其对劳动合同制度的信任。

第二，比较合理性评价变量在四个模型中的系数变化发现：在逐步加入从业特征、体制身份、人力资本变量后，合理性评价变量的系数值变化相对较小。四个模型中，合理性评价"合理""一般"的系数最大值与最小值之差分别为 1.227 和 0.614 个单位。合理性评价对劳动合同制度信任的影响比较稳定。

第三，进一步分析合理性评价的系数发现：员工对企业行为的合理性评价比较高和一般的，较之合理性评价低的员工，对劳动合同制度的信任度更高。员工对企业行为的合理性评价越高，予以劳动合同制度的信任度越高。

第四，综合员工对企业行为的合理性评价予以劳动合同履行信任、劳动合同解除和终止信任、劳动合同制度信任的影响发现：员工对企业行为的合理性评价显著影响劳动合同制度信任，而且合理性评价对劳动合同制度信任具有显著的正效应，即员工对企业行为的合理性评价越高，予以劳动合同制度的信任度越高。由此，假设 3 初步被证实。

第五节　满意度评价对劳动合同制度信任的直接影响

本书中采用嵌套模型，分析员工对企业执行结果或效果的满意度评价予以劳动合同履行信任、劳动合同解除和终止信任、劳动合同制度信任的影响。模型一是对控制变量与满意度评价影响作用的分析；模型二、模型三、模型四分别是在前一个模型基础上逐步加入从业特征、体制身份、人力资本，比较分析模型逐步加入新的变量，满意度评价对劳动合同履行信任、劳动合同解除和终止信任、劳动合同制度信任的影响作用变化。

一、满意度评价对劳动合同履行信任的直接影响效应

考察员工对企业执行结果或效果的满意度评价予以劳动合同履行信任的影响（见表 4-10）发现：

表 4-10　　　满意度评价对劳动合同履行信任影响的 OLS 回归

	模型一	模型二	模型三	模型四
控制变量				
性别（女性＝0）	0.103 (0.347)	−0.348 (0.344)	−0.352 (0.341)	−0.371 (0.337)

续表

	模型一	模型二	模型三	模型四
年龄	0.397**	0.325*	0.288*	0.158
	(0.139)	(0.137)	(0.137)	(0.158)
年龄平方	−0.005**	−0.004*	−0.004*	−0.003
	(0.002)	(0.002)	(0.002)	(0.002)
满意度评价（不满意=0）				
一般	7.090***	6.666***	6.526***	6.595***
	(0.949)	(0.922)	(0.915)	(0.910)
满意	12.909***	12.203***	12.010***	12.013***
	(0.931)	(0.912)	(0.904)	(0.901)
从业特征				
岗位类型（工人等=0）				
高层管理者		2.040+	2.199*	1.072
		(1.051)	(1.043)	(1.068)
中层管理者		1.891***	2.038***	0.976+
		(0.531)	(0.528)	(0.570)
低层管理者		2.134***	2.108***	1.346*
		(0.581)	(0.577)	(0.594)
专业技术人员		1.741***	1.623**	0.683
		(0.502)	(0.498)	(0.535)
办事人员、职员		2.008***	1.888***	1.221*
		(0.553)	(0.551)	(0.571)
企业规模（50人及以下=0）				
51~100人		0.285	0.121	−0.121
		(0.577)	(0.573)	(0.569)
101~500人		1.219*	0.764	0.615
		(0.511)	(0.516)	(0.511)

续表

	模型一	模型二	模型三	模型四
501~2000 人		2.953***	2.361***	1.990**
		(0.597)	(0.606)	(0.604)
2000 人以上		3.468***	2.624***	2.112***
		(0.555)	(0.580)	(0.583)
体制身份				
户籍（农业=0）			0.780+	0.256
			(0.412)	(0.422)
所有制（私有=0）			1.519***	1.075**
			(0.363)	(0.373)
人力资本				
受教育年限				0.313***
				(0.079)
工作年限				0.189*
				(0.075)
工作年限平方				−0.003
				(0.002)
常数项	18.888***	17.713***	18.124***	16.900***
	(2.639)	(2.625)	(2.610)	(2.978)
样本量	1143	1143	1143	1143
调整 R^2	0.259	0.305	0.318	0.333

注：括号内为标准误；$+ p < 0.10$，$* p < 0.05$，$** p < 0.01$，$*** p < 0.001$

第一，控制性别、年龄，模型二至模型四逐步加入从业特征、体制身份、人力资本变量后，四个模型中满意度评价"满意"与"不满意"，以及"一般"与"不满意"的差异均达到 0.001 显著性水平。员工对企业执行结果或效果的满意度评价显著影响其对劳动合同履行的信任。

第二，比较满意度评价变量在四个模型中的系数变化发现：在逐步加入从业特征、体制身份、人力资本变量后，满意度评价变量的系数值变化比较小。四个模型中满意度评价"满意""一般"的系数最大值与最小值之差分别不到1个单位（0.899、0.564）。满意度评价对劳动合同履行信任的影响比较稳定。

第三，进一步分析满意度评价的系数发现：员工对企业执行结果或效果的满意度评价比较高和一般的，较之满意度评价低的员工，对劳动合同履行的信任度更高。员工对企业执行结果或效果的满意度评价越高，予以劳动合同履行的信任度越高。

二、满意度评价对劳动合同解除和终止信任的直接影响效应

考察员工对企业执行结果或效果的满意度评价予以劳动合同解除和终止信任的影响（见表4-11）发现：

表4-11　满意度评价对劳动合同解除和终止信任影响的 OLS 回归

	模型一	模型二	模型三	模型四
控制变量				
性别（女性＝0）	0.571	0.202	0.199	0.171
	(0.387)	(0.391)	(0.385)	(0.382)
年龄	0.095	0.038	0.009	−0.096
	(0.154)	(0.155)	(0.155)	(0.179)
年龄平方	−0.001	0.000	0.000	0.001
	(0.002)	(0.002)	(0.002)	(0.002)
满意度评价（不满意＝0）				
一般	6.291***	5.978***	5.766***	6.099***
	(1.058)	(1.049)	(1.035)	(1.031)
满意	13.160***	12.679***	12.406***	12.716***
	(1.037)	(1.037)	(1.023)	(1.022)

续表

	模型一	模型二	模型三	模型四
从业特征				
岗位类型（工人等＝0）				
高层管理者		2.634*	2.915*	2.385*
		(1.195)	(1.180)	(1.211)
中层管理者		0.840	1.091+	0.480
		(0.604)	(0.598)	(0.647)
低层管理者		0.797	0.794	0.359
		(0.661)	(0.652)	(0.673)
专业技术人员		1.002+	0.854	0.337
		(0.570)	(0.563)	(0.606)
办事人员、职员		0.654	0.549	0.273
		(0.629)	(0.624)	(0.648)
企业规模（50人及以下＝0）				
51~100人		0.615	0.371	0.103
		(0.656)	(0.648)	(0.645)
101~500人		0.639	−0.005	−0.153
		(0.581)	(0.583)	(0.579)
501~2000人		1.843**	0.989	0.586
		(0.679)	(0.685)	(0.685)
2000人以上		2.928***	1.711**	1.171+
		(0.631)	(0.656)	(0.661)
体制身份				
户籍（农业＝0）			0.658	0.346
			(0.466)	(0.478)
所有制（私有＝0）			2.298***	1.736***
			(0.411)	(0.423)

续表

	模型一	模型二	模型三	模型四
人力资本				
受教育年限				0.131
				(0.089)
工作年限				0.218*
				(0.085)
工作年限平方				−0.003
				(0.003)
常数项	20.328***	20.013***	20.374***	21.010***
	(2.940)	(2.986)	(2.952)	(3.376)
样本量	1143	1143	1143	1143
调整 R^2	0.258	0.275	0.296	0.308

注：括号内为标准误；+ $p < 0.10$，* $p < 0.05$，** $p < 0.01$，*** $p < 0.001$

第一，控制性别、年龄，模型二至模型四逐步加入从业特征、体制身份、人力资本变量后，四个模型中满意度评价"满意"与"不满意"，以及"一般"与"不满意"的差异均达到0.001显著性水平。员工对企业执行结果或效果的满意度价显著影响其对劳动合同解除和终止的信任。

第二，比较满意度评价变量在四个模型中的系数变化发现：在逐步加入从业特征、体制身份、人力资本变量后，满意度评价变量的系数值变化比较小。四个模型中满意度评价"满意""一般"的系数最大值与最小值之差为分别不到1个单位（0.754、0.525）。满意度评价对劳动合同解除和终止信任的影响比较稳定。

第三，进一步分析满意度评价的系数发现：员工对企业执行结果或效果的满意度评价比较高和一般的，较之满意度评价低的员工，对劳动合同解除和终止的信任度更高。员工对企业执行结果或效果的满意度评价越高，予以劳动合同解除和终止的信任度越高。

三、满意度评价对劳动合同制度信任的直接影响效应

考察员工对企业执行结果或效果的满意度评价予以劳动合同制度信任的影响（见表4-12）发现：

表4-12　　　**满意度评价对劳动合同制度信任影响的 OLS 回归**

	模型一	模型二	模型三	模型四
控制变量				
性别（女性=0）	0.674	−0.147	−0.153	−0.200
	(0.652)	(0.650)	(0.641)	(0.633)
年龄	0.492[+]	0.363	0.297	0.062
	(0.260)	(0.259)	(0.258)	(0.297)
年龄平方	−0.006[+]	−0.004	−0.004	−0.002
	(0.003)	(0.003)	(0.003)	(0.004)
满意度评价（不满意=0）				
一般	13.380[***]	12.644[***]	12.291[***]	12.694[***]
	(1.784)	(1.745)	(1.720)	(1.709)
满意	26.070[***]	24.881[***]	24.416[***]	24.729[***]
	(1.749)	(1.725)	(1.701)	(1.693)
从业特征				
岗位类型（工人等=0）				
高层管理者		4.674[*]	5.114[**]	3.457[+]
		(1.988)	(1.962)	(2.006)
中层管理者		2.731[**]	3.129[**]	1.455
		(1.004)	(0.994)	(1.072)

续表

	模型一	模型二	模型三	模型四
低层管理者		2.931**	2.902**	1.706
		(1.099)	(1.084)	(1.115)
专业技术人员		2.743**	2.477**	1.019
		(0.949)	(0.936)	(1.005)
办事人员、职员		2.662*	2.437*	1.494
		(1.046)	(1.037)	(1.073)
企业规模（50人以下＝0）				
51~100人		0.899	0.492	−0.018
		(1.092)	(1.078)	(1.069)
101~500人		1.858+	0.759	0.462
		(0.967)	(0.970)	(0.960)
501~2000人		4.797***	3.350**	2.576*
		(1.130)	(1.139)	(1.136)
2000人以上		6.396***	4.334***	3.284**
		(1.050)	(1.090)	(1.096)
体制身份				
户籍（农业＝0）			1.438+	0.603
			(0.774)	(0.793)
所有制（私有＝0）			3.817***	2.811***
			(0.683)	(0.701)
人力资本				
受教育年限				0.444**
				(0.148)
工作年限				0.407**
				(0.142)
工作年限平方				−0.006
				(0.004)

续表

	模型一	模型二	模型三	模型四
常数项	39.217***	37.726***	38.498***	37.910***
	(4.959)	(4.967)	(4.908)	(5.595)
样本量	1143	1143	1143	1143
调整 R^2	0.304	0.339	0.359	0.374

注：括号内为标准误；$+ p < 0.10$，$* p < 0.05$，$** p < 0.01$，$*** p < 0.001$

第一，控制性别、年龄，模型二至模型四逐步加入从业特征、体制身份、人力资本变量后，四个模型中满意度评价"满意"与"不满意"，以及"一般"与"不满意"的差异均达到0.001显著性水平。员工对企业执行结果或效果的满意度评价显著影响其对劳动合同制度的信任。

第二，比较满意度评价变量在四个模型中的系数变化发现：在逐步加入从业特征、体制身份、人力资本变量后，满意度评价变量的系数值变化相对较小。四个模型中满意度评价"满意""一般"的系数最大值与最小值之差分别为1.654和1.089个单位。满意度评价对劳动合同制度信任的影响比较稳定。

第三，进一步分析满意度评价的系数发现：员工对企业执行结果或效果的满意度评价比较高和一般的，较之满意度评价低的员工，对劳动合同制度的信任度更高。员工对企业执行结果或效果的满意度评价越高，予以劳动合同制度的信任度越高。

第四，综合员工对企业执行结果或效果的满意度评价予以劳动合同履行信任、劳动合同解除和终止信任、劳动合同制度信任的影响发现：员工对企业执行结果或效果的满意度评价显著影响劳动合同制度信任，而且满意度评价对劳动合同制度信任具有显著的正效应，即员工对企业执行结果或效果的满意度评价越高，予以劳动合同制度的信任度越高。由此，假设4初步被证实。

第六节 主体的"制度体验"对劳动合同制度信任的直接影响

分别独立考察了主体四个维度的"制度体验"对劳动合同制度信任的直接影响后,将进一步比较分析主体的"制度体验"对劳动合同制度信任的影响作用。模型一是控制性别、年龄,分析从业特征、体制身份和人力资本对劳动合同履行信任、劳动合同解除和终止信任、劳动合同制度信任的直接影响效应;模型二是在模型一基础上分别加入声誉评价、合法性评价、合理性评价、满意度评价变量,分析控制主体特征后,主体四个维度的"制度体验"对劳动合同履行信任、劳动合同解除和终止信任、劳动合同制度信任的直接影响效应。为了比较主体四个维度的"制度体验"的影响作用差异,对回归系数进行标准化处理。

一、主体的"制度体验"对劳动合同履行信任的直接影响效应

首先,分析从业特征、体制身份、人力资本等主体特征对劳动合同履行信任的影响作用(见表4-13)发现:

表4-13 主体的"制度体验"对劳动合同履行信任的 OLS 回归(Beta 系数)

	模型一	模型二
控制变量		
性别(女性=0)	−0.294	−0.041
年龄	1.230	1.520
年龄平方	−1.378	−1.761
从业特征		
岗位类型(工人等=0)		
高层管理者	0.561 **	0.026
中层管理者	1.01 ***	0.190

续表

	模型一	模型二
低层管理者	0.887***	0.359+
专业技术人员	0.660*	0.229
办事人员、职员	0.693**	0.298
企业规模（50人及以下=0）		
51~100人	−0.149	−0.077
101~500人	0.324	0.246
501~2000人	0.559*	0.606**
2000人以上	0.872**	0.809***
体制身份		
户籍（农业=0）	0.163	0.083
所有制（私有=0）	0.688**	0.509**
人力资本		
受教育年限	1.159***	0.657***
工作年限	0.956	1.457*
工作年限平方	−0.445	−0.737
声誉评价(不赞同=0)		
一般		−0.297
赞同		0.291
合法性评价(不合法=0)		
一般		1.101*
合法		2.462***
合理性评价(不合理=0)		
一般		1.256***
合理		2.286***
满意度评价(不满意=0)		
一般		1.465**

	模型一	模型二
满意		2.725 ***
常数项	24.365 *** （3.294）	13.955 *** （3.003）
样本量	1143	1143
调整 R^2	0.124	0.414

注：+ p< 0.10， * p< 0.05， ** p< 0.01， *** p< 0.001

第一，性别、年龄在两个模型中均不显著；男性和女性员工对劳动合同履行信任没有显著差异；不同年龄员工对劳动合同履行信任没有显著差异。

第二，从业特征中，岗位类型在模型一中的影响显著，高层管理者，中层管理者，低层管理者，专业技术人员，办事人员、职员对劳动合同履行的信任度均高于工人、营业员、服务员等雇员；模型二加入主体的"制度体验"变量后，只有低层管理者与工人、营业员、服务员等雇员的劳动合同履行信任的差异显著，低层管理者的信任度更高。所在企业的规模为501～2000人、2000人以上的员工对劳动合同履行的信任度高于在50人及以下规模企业工作的员工；所在企业的规模为51～100人、101～500人的员工对劳动合同履行信任与在50人及以下规模企业工作的员工没有显著差异。

第三，体制身份中，户籍身份对劳动合同履行信任的影响不显著，城乡户籍员工对劳动合同履行信任没有显著差异；所有制身份对劳动合同履行信任具有显著影响，公有制身份员工对劳动合同履行的信任度高于私有制身份员工。

第四，人力资本中，受教育年限对劳动合同履行信任具有显著影响，员工的受教育年限越长，对劳动合同履行的信任度越高；工作年限在模型二中显著，员工的工作年限越长，对劳动合同履行的信任度越高。

其次，控制了从业特征、体制身份和人力资本变量后，分析主体四个维度的"制度体验"对劳动合同履行信任的影响发现：

第一，员工对企业的声誉评价予以劳动合同履行信任的影响不显著。主体四个维度的"制度体验"相互控制后，员工对企业的不同声誉评价予以劳动合同履行信任的影响没有显著差异。

第二，员工对企业行为的合法性评价予以劳动合同履行信任具有显著影响；合法性评价高和一般的员工对劳动合同履行的信任度，较之合法性评价低的员工分别高出 1.462、0.101 个标准单位；员工对企业行为的合法性评价越高，予以劳动合同履行的信任度越高。

第三，员工对企业行为的合理性评价予以劳动合同履行信任具有显著影响；合理性评价高和一般的员工对劳动合同履行的信任度，较之对合理性评价低的员工分别高出 1.286、0.256 个标准单位；员工对企业行为的合理性评价越高，予以劳动合同履行的信任度越高。

第四，员工对企业执行结果或效果的满意度评价予以劳动合同履行信任具有显著影响；满意度评价高和一般的员工对劳动合同履行的信任度，较之满意度评价低的员工分别高出 1.725、0.465 个标准单位；员工对企业执行结果或效果的满意度评价越高，予以劳动合同履行的信任度越高。

最后，比较模型一和模型二拟决定系数 R^2 的贡献率发现：从业特征、体制身份、人力资本等主体特征联合可以解释劳动合同履行信任差异的 12.4%；加入主体的"制度体验"后，R^2 贡献率提高至 41.4%，即 29% 的劳动合同履行信任差异能够被主体的"制度体验"所解释。由此说明，员工对企业声誉、行为和执行结果或效果各方面的评价予以劳动合同履行信任的影响具有很强的解释力，是影响劳动合同履行信任的重要因素。进一步比较主体四个维度的"制度体验"予以劳动合同履行信任的影响作用，其中对企业执行结果或效果的满意度评价的影响作用最大；其次是对企业行为的合法性评价、合理性评价；员工对企业的声誉评价予以劳动合同履行信任的影响不显著。

二、主体的"制度体验"对劳动合同解除和终止信任的直接
影响效应

首先,分析从业特征、体制身份、人力资本等主体特征对劳动合同解
除和终止信任的影响作用(见表4-14)发现:

表4-14 主体的"制度体验"对劳动合同解除和
终止信任的OLS回归(Beta系数)

	模型一	模型二
控制变量		
性别(女性=0)	-0.046	0.224
年龄	-1.113	-0.491
年龄平方	0.790	0.076
从业特征		
岗位类型(工人等=0)		
高层管理者	0.849***	0.223
中层管理者	0.913**	0.007
低层管理者	0.618*	0.028
专业技术人员	0.574+	0.150
办事人员、职员	0.389	-0.016
企业规模(50人及以下=0)		
51~100人	-0.077	0.043
101~500人	-0.014	-0.092
501~2000人	0.033	0.125
2000人以上	0.490	0.466+
体制身份		
户籍(农业=0)	0.215	0.153
所有制(私有=0)	1.026***	0.820***

续表

	模型一	模型二
人力资本		
受教育年限	0.727**	0.220
工作年限	1.414	1.682*
工作年限平方	-1.812	-0.536
声誉评价(不赞同=0)		
一般		0.299
赞同		1.260*
合法性评价(不合法=0)		
一般		0.976
合法		1.666*
合理性评价(不合理=0)		
一般		-0.003
合理		1.419***
满意度评价(不满意=0)		
一般		1.688**
满意		3.610***
常数项	28.417*** (3.754)	17.923*** (3.482)
样本量	1143	1143
调整 R^2	0.082	0.365

注: + $p < 0.10$, * $p < 0.05$, ** $p < 0.01$, *** $p < 0.001$

第一,性别、年龄在两个模型中均不显著;男性和女性员工对劳动合同解除和终止信任没有显著差异;不同年龄员工对劳动合同解除和终止信任没有显著差异。

第二,从业特征中,岗位类型在模型一中影响显著,高层管理者、中层管理者、低层管理者、专业技术人员对劳动合同解除和终止信任均高于工人、营业员、服务员等雇员；模型二加入主体的"制度体验"变量后，岗位类型的影响作用消失。员工所在企业的规模在两个模型中均不显著，在不同规模企业工作的员工对劳动合同解除和终止信任没有显著差异。

第三，体制身份中，户籍身份对劳动合同解除和终止信任的影响不显著，城乡户籍员工对劳动合同解除和终止信任没有显著差异；所有制身份对劳动合同解除和终止信任具有显著影响，公有制身份员工对劳动合同解除和终止的信任度高于私有制身份员工。

第四，人力资本中，受教育年限在模型一中对劳动合同解除和终止信任具有显著影响，员工的受教育年限越长，对劳动合同解除和终止的信任度越高；模型二加入主体的"制度体验"变量后，受教育年限的影响作用消失，但工作年限的影响显著，而且员工的工作年限越长，对劳动合同解除和终止的信任度越高。

其次，控制了从业特征、体制身份和人力资本变量后，主体四个维度的"制度体验"对劳动合同解除和终止信任的影响分析发现：

第一，员工对企业的声誉评价予以劳动合同解除和终止信任具有显著影响；声誉评价高的员工对劳动合同解除和终止的信任度，较之声誉评价低的员工高出 0.260 个标准单位；声誉评价一般与评价低的员工对劳动合同解除和终止的信任度没有显著差异。

第二，员工对企业行为的合法性评价予以劳动合同解除和终止信任具有显著影响；合法性评价高的员工对劳动合同解除和终止的信任度，较之合法性评价低的员工高出 0.666 个标准单位；合法性评价一般与评价低的员工对劳动合同解除和终止的信任度没有显著差异。

第三，员工对企业行为的合理性评价予以劳动合同解除和终止信任具有显著影响；合理性评价高的员工对劳动合同解除和终止的信任度，较之合理性评价低的员工高出 0.419 个标准单位；合理性评价一般与评价低的员工对劳动合同解除和终止信任没有显著差异。

第四，员工对企业执行结果或效果的满意度评价予以劳动合同解除和终止信任具有显著影响；满意度评价高和一般的员工对劳动合同解除和终止的信任度,较之满意度评价低的员工分别高出 2.610、0.688 个标准单位;员工对企业执行结果或效果的满意度评价越高,予以劳动合同解除和终止的信任度越高。

最后,比较模型一和模型二拟决定系数 R^2 的贡献率发现:从业特征、体制身份、人力资本等主体特征联合可以解释劳动合同解除和终止信任 8.2%的差异;加入主体的"制度体验"后,R^2 贡献率提高至 36.5%,即 28.3%的劳动合同解除和终止信任差异能够被主体的"制度体验"所解释。由此说明,员工对企业声誉、执行行为、执行结果或效果各方面的评价予以劳动合同解除和终止信任的影响具有很强的解释力。进一步比较主体四个维度的"制度体验"予以劳动合同解除和终止信任的影响作用,其中对企业执行结果或效果的满意度评价的影响作用最大;其他依次是对企业行为的合法性评价、合理性评价;员工对企业声誉评价予以劳动合同解除和终止信任的影响作用相对较小。

三、主体的"制度体验"对劳动合同制度信任的直接影响效应

首先,分析从业特征、体制身份、人力资本等主体特征对劳动合同制度信任的影响作用(见表 4-15)发现:

表 4-15　主体的"制度体验"对劳动合同制度信任的 OLS 回归(Beta 系数)

	模型一	模型二
控制变量		
性别(女性=0)	−0.340	0.183
年龄	0.117	0.103
年龄平方	−0.589	−1.685
从业特征		
岗位类型(工人等=0)		
高层管理者	1.410***	0.249
中层管理者	1.921***	0.198

续表

	模型一	模型二
低层管理者	1.505 ***	0.386
专业技术人员	1.235 *	0.378
办事人员、职员	1.082 *	0.282
企业规模（50 人及以下 =0）		
51~100 人	−0.226	−0.034
101~500 人	0.310	0.154
501~2000 人	0.592	0.731 +
2000 人以上	1.362 **	1.275 **
体制身份		
户籍（农业 =0）	0.378	0.236
所有制（私有 =0）	1.714 ***	1.328 ***
人力资本		
受教育年限	1.886 ***	0.876 *
工作年限	2.098	3.139 **
工作年限平方	−0.627	−1.273
声誉评价(不赞同 =0)		
一般		0.002
赞同		1.551 +
合法性评价（不合法 =0）		
一般		2.077 *
合法		4.128 ***
合理性评价（不合理 =0）		
一般		1.253 +
合理		3.705 ***
满意度评价(不满意 =0)		
一般		3.153 ***

134

续表

	模型一	模型二
满意		6.334***
常数项	52.782*** （6.420）	31.878*** （5.639）
样本量	1143	1143
调整 R^2	0.156	0.451

注：+ $p < 0.10$，* $p < 0.05$，** $p < 0.01$，*** $p < 0.001$

第一，性别、年龄在两个模型中均不显著；男性和女性员工对劳动合同制度信任没有显著差异；不同年龄员工对劳动合同制度信任没有显著差异。

第二，从业特征中，岗位类型在模型一中显著，高层管理者，中层管理者，低层管理者，专业技术人员，办事人员、职员对劳动合同制度的信任度均高于工人、营业员、服务员等雇员；模型二加入主体的"制度体验"变量后，岗位类型对劳动合同制度信任的影响作用消失。所在企业规模为 501~2000 人、2000 人以上的员工对劳动合同制度的信任度均高于在 50 人及以下规模企业工作的员工；所在企业规模为 101~500 人、51~100 人的员工对劳动合同制度信任与在 50 人及以下规模企业工作的员工没有显著差异。

第三，体制身份中，户籍身份对劳动合同制度信任的影响不显著，城乡户籍员工对劳动合同制度信任没有显著差异；所有制身份对劳动合同制度信任具有显著影响，公有制身份员工对劳动合同制度的信任度高于私有制身份员工。

第四，人力资本中，受教育年限对劳动合同制度信任的影响在模型一和模型二中的影响均显著，且员工的受教育年限越长，对劳动合同制度的信任度越高；工作年限在模型二中显著，且员工的工作年限越长，对劳动合同制度的信任度越高。

其次，控制了从业特征、体制身份和人力资本变量后，主体四个维度的"制度体验"对劳动合同制度信任的影响分析发现：

第一，员工对企业的声誉评价予以劳动合同制度信任具有显著影响；声誉评价高的员工对劳动合同制度的信任度，较之对声誉评价低的员工高出 0.551 个标准单位；声誉评价一般与评价低的员工对劳动合同制度信任没有显著差异。由此，主体四个维度的"制度体验"相互控制后，员工对企业的声誉评价予以劳动合同制度信任的影响显著。

第二，员工对企业行为的合法性评价予以劳动合同制度信任具有显著影响；合法性评价高和评价一般的员工对劳动合同制度的信任度，较之合法性评价低的员工分别高出 3.128、1.077 个标准单位；员工对企业行为的合法性评价越高，予以劳动合同制度的信任度越高。由此，主体四个维度的"制度体验"相互控制后，员工对企业行为的合法性评价予以劳动合同制度信任的影响显著。

第三，员工对企业行为的合理性评价予以劳动合同制度信任具有显著影响；合理性评价高和一般的员工对劳动合同制度的信任度，较之合理性评价低的员工分别高出 2.705、0.253 个标准单位；员工对企业行为的合理性评价越高，予以劳动合同制度的信任度越高。由此，主体四个维度的"制度体验"相互控制后，员工对企业行为的合理性评价予以劳动合同制度信任的影响显著。

第四，员工对企业执行结果或效果的满意度评价予以劳动合同制度信任具有显著影响；满意度评价高和一般的员工对劳动合同制度的信任度，较之满意度评价低的员工分别高出 5.334、2.153 个标准单位；员工对企业执行结果或效果的满意度评价越高，予以劳动合同制度的信任度越高。由此，主体四个维度的"制度体验"相互控制后，员工对企业执行结果或效果的满意度评价予以劳动合同制度信任的影响显著。

最后，比较模型一和模型二拟决定系数 R^2 的贡献率发现：从业特征、体制身份、人力资本等主体特征联合可以解释劳动合同制度信任 15.6% 的差异；加入主体的"制度体验"后，R^2 贡献率提高至 45.1%，即 29.50% 的劳动合同制度信任差异能够被主体的"制度体验"所解释。由此说明，员工对企业声誉、行为和执行结果或效果各方面的评价予以劳动合同制度信任的影响具有很强的解释力，是影响劳动合同制度信任的重要因素。进一步比较主体四个维度的"制度体验"予以劳动合同制度信任的影响作用，其中对企业执行结果或效果的满意度评价的影响作用最大；其他依次是对企业行为的合法性评价、合理性评价；员工对企业声誉评价予以劳动合同制度信任的影响作用相对较小。

综合员工对企业声誉评价予以劳动合同履行信任、劳动合同解除和终止信任、劳动合同制度信任的直接影响，假设 1 被证实；综合员工对企业行为的合法性评价予以劳动合同履行信任、劳动合同解除和终止信任、劳动合同制度信任的直接影响，假设 2 被证实；综合员工对企业行为的合理性评价予以劳动合同履行信任、劳动合同解除和终止信任、劳动合同制度信任的直接影响，假设 3 被证实；综合员工对企业执行结果或效果的满意度评价予以劳动合同履行信任、劳动合同解除和终止信任、劳动合同制度信任的直接影响，假设 4 被证实。

第七节　本 章 小 结

本章分析主体特征、主体的"制度体验"对劳动合同制度信任的直接影响，得到以下四个发现：

第一，主体特征对劳动合同制度信任具有一定影响作用。从业特征中，大规模、较大规模企业员工对劳动合同履行、劳动合同制度的信任度，高于小规模企业员工；低层管理者对劳动合同履行的信任度，高于工人、营业员、服务员等雇员。体制身份中，公有制身份员工对劳动合同履行、劳动合同解除和终止、劳动合同制度的信任度，均高于私有制身份员工。人力资本中，员工的知识人力资本越丰富，对劳动合同履行、劳动合同解除和终止、劳动合同制度的信任度越高；员工的经验人力资本越丰富，对劳动合同履行、劳动合同解除和终止、劳动合同制度的信任度越高。

第二，主体的"制度体验"是影响劳动合同制度信任的重要因素，而且主体四个维度的"制度体验"对劳动合同制度信任的影响作用具有差异性。员工对企业执行结果或效果的满意度评价予以劳动合同履行信任、劳动合同解除和终止信任、劳动合同制度信任均具有显著影响，而且四个维度的"制度体验"中，满意度评价的影响作用最大。员工对企业行为的合法性评价、合理性评价予以劳动合同履行信任、劳动合同解除和终止信任、劳动合同制度信任均具有显著影响，比较而言，合法性评价的影响作用大于合理性评价。员工对企业的声誉评价予以劳动合同履行信任的影响不显著，予以劳动合同解除和终止信任、劳动合同制度信任影响的显著性水平较低，作用较小。

第三，主体特征与主体的"制度体验"同时作用于劳动合同制度信任，客观的主体特征与主观的"制度体验"之间可能存在相互关联而影响劳动合同制度信任，那么独立考察主体特征、主体的"制度体验"对劳动合同制度信任的直接影响作用，不能将主体特征与"制度体验"之间的复杂关系呈现出来。主体特征对劳动合同履行信任、劳动合同解除和终止信任、劳动合同制度信任的影响是否通过主体的"制度体验"而起作用？对此需要做进一步考察和分析。

第五章 主体的"制度体验"对劳动合同 制度信任影响的中介效应

制度信任与制度执行者的日常表现密切相关,人们对一项制度的信任,往往取决于制度执行者会在多大程度上去执行制度,实现制度承诺。但制度执行者的客观行为、表现不是制度信任产生、形成、改变的最直接来源。人们在一定制度环境中首先对所经历、了解的制度执行者不同方面的表现进行主观加工,产生主体的感受、认知、评价,再判断、决定制度是否可以被信任。换言之,客观因素和主观"制度体验"之间可能存在一个路径关系影响劳动合同制度信任,主体的"制度体验"是制度信任更直接的影响因素,客观因素可能通过主观"制度体验"而对制度信任产生作用。对于劳动合同制度,员工的客观特征对劳动合同制度信任的影响,可能通过"制度体验"而产生间接影响。对此,本章将基于企业员工的主体特征、"制度体验"对劳动合同制度信任的直接影响作用,进一步分析主体特征通过"制度体验"对劳动合同制度信任的间接影响,考察主体的"制度体验"对制度信任影响的中介效应。

第一节 问题与假设

信任是一个非常复杂的心理与社会现象,信任不仅受到客观因素影响,更与人们的主观心理因素相关联。信任主体可能基于关系、情感,信任客体的能力、品质、社会角色,个人的经历等客观现状予以客体(他人、组织、制度)信任;信任主体也可能通过对客观因素的感受、认知、评价、反思而对客体产生不信任。影响信任的客观因素或主观因素可能某一个方面独立、占主导性地对信任产生影响，也可能同时发生作用，通过关系路径影响信任。

　　劳动者与用人单位签订了劳动合同，建立起契约关系并不代表劳动合同制度能够在劳动者之间普遍合法、有效地被实施、执行。劳动合同制度的实施、执行过程和结果在不同从业特征、体制身份、人力资本等主体中具有明显的差异。劳动合同制度实施、执行的差异性，会使劳动合同制度约束、保护的对象对制度执行者执行制度的过程、结果等各方面的表现产生不同的"制度体验"。因而，主体的"制度体验"不是绝对的，受到工作环境、职业、身份等外在因素的影响，是相对的。① 信任来源于对社会生活实践的感受、认知、评价，不同从业特征、体制身份、人力资本员工基于制度执行者实施、执行劳动合同制度的客观表现，会先作出是否合法、是否合理、是否满意的评价即产生"制度体验"，再判断劳动合同制度是否值得信任。换言之，主体的客观特征与主观的"制度体验"同时作用于劳动合同制度信任，主体特征可能通过"制度体验"间接影响劳动合同制度信任。即主体的"制度体验"在主体特征与劳动合同制度信任之间具有中介效应（见图5-1）。

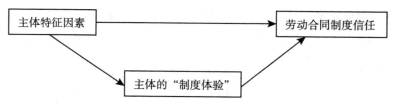

图 5-1　主体的"制度体验"对劳动合同制度信任影响的中介效应

　　由此，主体特征与主体的"制度体验"之间存在一个关系链或路径，主体特征通过主体的"制度体验"间接影响劳动合同制度信任。由此提出

---

　　① 李汉林，李路路．单位成员满意度和相对剥夺感——单位组织中依赖结构的主观层面 [J]．社会学研究，2000（2）．

假设：主体的"制度体验"在主体特征与劳动合同制度信任之间具有中介效应。具体假设包括：

假设1：主体特征（从业特征、体制身份、人力资本）对劳动合同制度信任的影响中，员工对企业的声誉评价具有中介效应；主体特征通过员工对企业的声誉评价间接影响劳动合同制度信任。

假设2：主体特征（从业特征、体制身份、人力资本）对劳动合同制度信任的影响中，员工对企业行为的合法性评价具有中介效应；主体特征通过员工对企业行为的合法性评价间接影响劳动合同制度信任。

假设3：主体特征（从业特征、体制身份、人力资本）对劳动合同制度信任的影响中，员工对企业行为的合理性评价具有中介效应；主体特征通过员工对企业行为的合理性评价间接影响劳动合同制度信任。

假设4：主体特征（从业特征、体制身份、人力资本）对劳动合同制度信任的影响中，员工对企业执行结果或效果的满意度评价具有中介效应；主体特征通过员工对企业执行结果或效果的满意度评价间接影响劳动合同制度信任。

本书中采用 Amos 软件分析主体的"制度体验"对主体特征影响劳动合同制度信任的中介效应。Amos 软件路径分析使用的估计方法为最大似然估计法（ML），研究证实最大似然估计法在大多数情况下，其参数估计效果较其他方法更佳。但使用该方法进行参数估计的前提是数据必须符合变量正态性假定，因而通过 Amos7.0 软件进行路径分析前，需要对变量的正太分布情况进行检验。①

路径分析中，如果样本数据观察变量的偏度系数大于3、峰度系数大于8，可能偏离正太分布，尤其在峰度系数大于20时，表示数据变量峰度与正太峰差异极大。② 通过对路径分析中变量正太分布的检验发现（见表

① 吴明隆. 结构方程模型——AMOS 的操作与应用［M］. 重庆：重庆大学出版社，2010：273.

② 吴明隆. 结构方程模型——AMOS 的操作与应用［M］. 重庆：重庆大学出版社，2010：273.

5-1)：所有变量的偏度值（skew）均小于 3，峰度值（kurtosis）均小于 8。由此，进行路径分析的变量通过正太分布检验，可以采用 Amos 软件进行路径分析。

表 5-1　　　　　　　　　　变量的正太分布检验

变量	偏度值（skew）	峰度值（kurtosis）
岗位类型	0.180	-1.155
企业规模	-0.009	-1.078
户籍身份	-1.271	-0.385
所有制身份	0.213	-1.995
受教育水平	-0.227	-0.207
工作年年限	1.659	2.140
声誉评价	-0.822	0.301
合法性评价	-1.032	0.907
合理性评价	-0.420	0.235
满意度评价	-0.614	0.941
劳动合同履行信任	-0.640	-0.136
劳动合同解除和终止信任	-0.318	-0.404
劳动合同制度信任	-0.407	-0.377

第二节　声誉评价对劳动合同制度信任影响的中介效应

考察企业员工对企业的声誉评价在主体特征影响劳动合同制度信任中是否有中介作用，分析主体特征是否通过声誉评价路径关系影响劳动合同制度信任，需要先了解不同主体特征与声誉评价之间的相关性，检验不同主体特征中其声誉评价是否具有显著差异，以此作为考察主体特征、声誉评价与劳动合同制度信任之间复杂关系的基础。

一、员工对企业声誉评价的差异

分析不同岗位类型员工对企业的声誉评价（见表5-2）发现：岗位类型不同的员工对企业的声誉评价具有显著差异（$p < 0.000$）。在不同岗位工作的员工整体上对企业的声誉评价比较高；具体比较而言，高层管理者对企业声誉评价最高，对企业声誉评价"赞同"的占93.94%；其他依次为中层管理者，办事人员、职员，低层管理者，专业技术人员；工人、营业员、服务员等雇员对企业的声誉评价最低。

表5-2   岗位类型与声誉评价的交互分析（%）

	高层管理者	中层管理者	低层管理者	专业技术人员	办事人员、职员	工人、营业员、服务员等雇员
赞同	93.94	80.91	76.13	73.72	76.32	61.62
一般	6.06	18.64	22.58	22.63	22.63	32.10
不赞同	0.00	0.45	1.29	3.65	1.05	6.27
样本量	33	220	155	274	190	271
卡方检验	$\chi^2 = 45.17$			$p = 0.000$		

分析不同企业规模员工对企业的声誉评价（见表5-3）发现：工作所在企业规模不同的员工对企业声誉评价的差异不显著（$p = 0.83$）。在大规模企业工作的员工与在规模一般、较小的企业工作的员工，对所在企业的声誉评价没有显著差异。

表5-3   企业规模与声誉评价的交互分析（%）

	50人及以下	51~100人	101~500人	501~2000人	2000人以上
赞同	75.81	71.07	74.49	73.68	72.03
一般	23.12	26.40	22.10	22.81	24.58

续表

	50 人及以下	51~100 人	101~500 人	501~2000 人	2000 人以上
不赞同	1.08	2.54	3.12	3.51	3.39
样本量	186	197	353	171	236
卡方检验	$\chi^2 = 4.34$		$p = 0.83$		

分析不同户籍身份员工对企业的声誉评价（见表 5-4）发现：户籍身份不同的员工对企业声誉评价的差异不显著（$p = 0.28$）。城镇户籍身份员工与农业户籍身份员工对企业的声誉评价没有显著差异。

表 5-4　　　　　　　　**户籍身份与声誉评价的交互分析（%）**

	农业户籍	城镇户籍
赞同	69.81	74.72
一般	27.17	22.55
不赞同	3.02	2.73
样本量	265	873
卡方检验	$\chi^2 = 2.56$	$p = 0.28$

分析不同所有制身份员工对企业的声誉评价（见表 5-5）发现：所有制身份不同的员工对企业的声誉评价具有显著差异（$p = 0.039$）。不同所有制身份员工整体上对企业的声誉评价比较高；具体比较而言，公有制身份员工对企业的声誉评价高于私有制身份员工。

表 5-5　　　　　　　**所有制身份与声誉评价的交互分析（%）**

	公有制	私有制
赞同	75.34	72.15
一般	21.72	25.16

	公有制	私有制
不赞同	2.94	2.69
样本量	632	511
卡方检验	$\chi^2 = 1.86$	$p = 0.039$

分析不同受教育水平员工对企业的声誉评价（见表5-6）发现：受教育水平不同的员工对企业声誉评价具有显著差异（$p = 0.000$）。不同受教育水平员工整体上对企业的声誉评价比较高；具体比较而言，受教育水平为研究生及以上的员工对企业声誉评价最高，对企业声誉评价"赞同"的占95.00%；其他依次为本科/专科、初中、高中/中专/技校受教育水平员工；小学及以下受教育水平员工对企业的声誉评价最低。

表 5-6　　　　受教育水平与声誉评价的交互分析（%）

	小学及以下	初中	高中/中专/技校	本科/专科	研究生及以上
赞同	50.00	66.30	65.82	76.45	95.00
一般	25.00	30.43	29.11	21.76	5.00
不赞同	25.00	3.26	5.06	1.79	0.00
样本量	4	92	316	671	60
卡方检验	$\chi^2 = 40.71$			$p = 0.000$	

分析不同工作年限员工对企业的声誉评价（见表5-7）发现：工作年限不同的员工对企业声誉评价具有显著差异（$p = 0.034$）。不同工作年限员工整体上对企业的声誉评价比较高；具体比较而言，工作年限为超过10年不足15年的员工对企业的声誉评价最高，对企业声誉评价"赞同"的占80.68%；其他依次为工作年限超过1年不足3年、超过3年不足10年、1年及以下的员工；工作年限在15年及以上的员工对企业的声誉评价最低。

表 5-7　　　　　　　　工作年限与声誉评价的交互分析（%）

	1 年及以下	超过 1 年 不足 3 年	超过 3 年 不足 10 年	超过 10 年 不足 15 年	15 年 及以上
赞同	69.34	76.98	75.39	80.68	65.06
一般	27.36	20.27	23.06	17.05	29.52
不赞同	3.30	2.75	1.55	2.27	5.42
样本量	212	291	386	88	166
卡方检验	$X^2 = 16.62$			$p = 0.034$	

分析不同特征员工对企业的声誉评价状况发现：主体的部分特征因素与声誉评价具有相关性，那么主体特征可能通过声誉评价影响劳动合同履行信任、劳动合同解除和终止信任和劳动合同制度信任。

二、声誉评价对劳动合同履行信任影响的中介效应

考察员工对企业的声誉评价予以主体特征影响劳动合同履行信任的中介效应。分析岗位类型、企业规模、户籍身份、所有制身份、受教育水平、工作年限等主体特征因素通过声誉评价对劳动合同履行信任的间接影响。初步路径分析发现：企业规模、户籍身份对声誉评价的影响，户籍身份对劳动合同履行信任的影响均未达到显著水平（$p<0.05$，下同），对模型进行修正删除这三条路径，得到路径分析模型（见图 5-2）。

调整后路径模型的适配度检验发现：卡方值在自由度等于 3 时为1.042，显著度 $p=0.791$，未达到显著性水平，表示待检模型的数据拟合度可以接受。其他适配度检验 RMSEA = 0.000 ＜ 0.05，GFI = 1.000 ＞ 0.900，AGFI = 0.997 ＞ 0.900，说明整体模型适配情况良好，假设模型与实际数据可以适配。删除企业规模、户籍身份对声誉评价的直接影响，户籍身份对劳动合同履行信任的直接影响，对模型进行修正后模型与数据适配度良好。这证实了企业规模、户籍身份对声誉评价，户籍身份对劳动合同履行信任没有直接影响。由此可见，企业规模、户籍身份对劳动合同履行信任

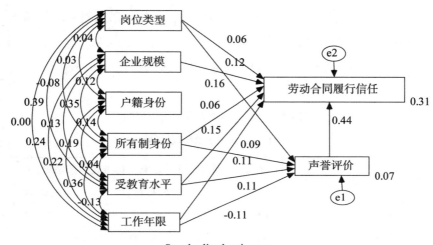

图 5-2　声誉评价对劳动合同履行信任影响的中介效应

的影响中，声誉评价不具有中介效应。

　　模型中解释声誉评价、劳动合同履行信任变异量的多元相关系数显示：岗位类型、所有制身份、受教育水平、工作年限与声誉评价的多元相关系数平方是 0.07，这四个主体特征因素可以联合解释声誉评价 7% 的变异量；岗位类型、企业规模、所有制身份、受教育水平、工作年限、声誉评价与劳动合同履行信任的多元相关系数平方是 0.31，这五个主体特征因素和声誉评价可以联合解释劳动合同履行信任 31% 的变异量。

　　分析主体特征通过声誉评价对劳动合同履行信任的间接影响（见表 5-8）发现：声誉评价对岗位类型、所有制身份、受教育水平、工作年限影响劳动合同履行信任具有中介效应，这些主体特征因素对劳动合同履行信任的影响部分是通过对企业的声誉评价发生的。比较而言，声誉评价对岗位类型影响劳动合同履行信任的中介效应最强，其次为受教育水平和工作年限，声誉评价对所有制身份影响劳动合同履行信任的中介效应相对较小。进一步比较主体特征因素对劳动合同履行信任的直接影响和间接影响，岗位类型的间接影响甚至大于直接影响；工作年限通过声誉评价对劳动合同履行信任具有间接影响，而且其影响方向发生改变。这充分说明了员工对企业的声誉评价予以劳动合同履行信任影响的中介效应。

表 5-8 **主体特征因素对劳动合同履行信任的
直接影响、间接影响和总影响**

主体特征因素	对劳动合同履行信任的影响（标准化回归系数）		
	直接影响	间接影响	总影响
岗位类型	0.057	0.070	0.127
企业规模	0.122	0.000	0.122
户籍身份	0.000	0.000	0.000
所有制身份	0.065	0.041	0.106
受教育水平	0.152	0.048	0.200
工作年限	0.107	−0.048	0.059
声誉评价	0.439	—	0.439

三、声誉评价对劳动合同解除和终止信任影响的中介效应

考察员工对企业的声誉评价予以主体特征影响劳动合同解除和终止信任的中介效应。分析岗位类型、企业规模、户籍身份、所有制身份、受教育水平、工作年限等主体特征因素通过声誉评价对劳动合同解除和终止信任的间接影响。初步路径分析发现：企业规模、户籍身份对声誉评价的影响，户籍身份、岗位类型对劳动合同解除和终止信任的影响均未达到显著水平，对模型进行修正删除这四条路径，得到路径分析模型（见图5-3）。

调整后路径模型的适配度检验发现：卡方值在自由度等于 4 时为 3.703，显著度 $p = 0.448$，未达到显著性水平，表示待检模型的数据拟合度可以接受。其他适配度检验 RMSEA = 0.000 < 0.05，GFI = 0.999 > 0.900，

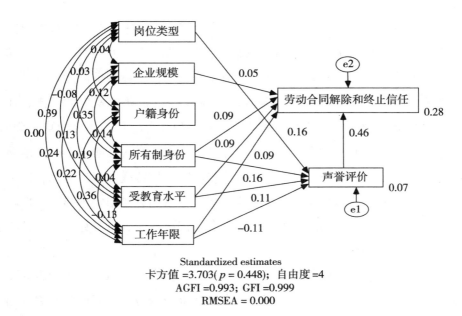

图 5-3　声誉评价对劳动合同制度解除和终止信任影响的中介效应

AGFI = 0. 993 > 0. 900，说明整体模型适配情况良好，假设模型与实际数据可以适配。删除企业规模、户籍身份对声誉评价的直接影响，岗位类型、户籍身份对劳动合同解除和终止信任的直接影响，对模型进行修正后模型与数据适配度良好。证实了企业规模、户籍身份对声誉评价没有直接影响，岗位类型、户籍身份对劳动合同解除和终止信任没有直接影响。由此可见，企业规模、户籍身份对劳动合同解除和终止信任的影响中，声誉评价不具有中介效应。

　　模型中解释声誉评价、劳动合同解除和终止信任变异量的多元相关系数显示：岗位类型、所有制身份、受教育水平、工作年限与声誉评价的多元相关系数平方是 0. 07，这四个主体特征因素可以联合解释声誉评价 7%的变异量；岗位类型、企业规模、所有制身份、受教育水平、工作年限、声誉评价与劳动合同解除和终止信任的多元相关系数平方是 0. 28，这五个主体特征因素和声誉评价可以联合解释劳动合同解除和终止信任 28%的变异量。

分析主体特征通过声誉评价对劳动合同解除和终止信任的间接影响（见表5-9）发现：声誉评价对岗位类型、所有制身份、受教育水平、工作年限影响劳动合同解除和终止信任具有中介效应，主体特征因素对劳动合同解除和终止信任的影响部分是通过对企业的声誉评价发生的。比较而言，声誉评价对岗位类型影响劳动合同解除和终止信任的中介效应最强，其次为工作年限和受教育水平，声誉评价对所有制身份影响劳动合同解除和终止信任的中介效应相对较小。进一步比较主体特征因素对劳动合同解除和终止信任的直接影响和间接影响，岗位类型的直接影响不显著，但通过声誉评价对劳动合同解除和终止信任具有间接影响，声誉评价在岗位类型影响劳动合同解除和终止信任的关系中具有完全中介效应；工作年限通过声誉评价对劳动合同解除和终止信任具有间接影响，而且其影响方向发生改变。这充分说明了员工对企业的声誉评价予以劳动合同解除和终止信任影响的中介效应。

表5-9　　　　主体特征因素对劳动合同解除和终止信任的
直接影响、间接影响和总影响

主体特征因素	对劳动合同解除和终止信任的影响（标准化回归系数）		
	直接影响	间接影响	总影响
岗位类型	0.000	0.074	0.074
企业规模	0.054	0.000	0.054
户籍身份	0.000	0.000	0.000
所有制身份	0.091	0.043	0.132
受教育水平	0.09	0.050	0.141
工作年限	0.164	−0.051	0.113
声誉评价	0.461	—	0.461

四、声誉评价对劳动合同制度信任影响的中介效应

考察员工对企业的声誉评价予以主体特征影响劳动合同制度信任的中介效应。分析岗位类型、企业规模、户籍身份、所有制身份、受教育水平、工作年限等主体特征因素通过声誉评价对劳动合同制度信任的间接影响。初步路径分析发现：企业规模、户籍身份对声誉评价的影响，户籍身份对劳动合同制度信任的影响均未达到显著水平，对模型进行修正删除这三条路径，得到路径分析模型（见图 5-4）。

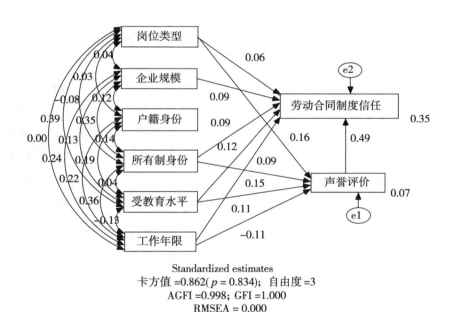

图 5-4　声誉评价对劳动合同制度信任影响的中介效应

调整后路径模型的适配度检验发现：卡方值在自由度等于 3 时为 0.862，显著度 $p = 0.834$，未达到显著性水平，表示待检模型的数据拟合度可以接受。其他适配度检验 RMSEA = 0.000 < 0.05，GFI = 1.000 > 0.900，AGFI = 0.998 > 0.900，说明整体模型适配情况良好，假设模型与实际数据可以适配。删除企业规模、户籍身份对声誉评价的直接影响，户籍身份对

劳动合同制度信任的直接影响,对模型进行修正后模型与数据适配度良好。这证实了企业规模、户籍身份对声誉评价没有直接影响,户籍身份对劳动合同制度信任没有直接影响。由此可见,企业规模、户籍身份对劳动合同制度信任的影响中,声誉评价不具有中介效应。

模型中解释声誉评价、劳动合同制度信任变异量的多元相关系数显示:岗位类型、所有制身份、受教育水平、工作年限与声誉评价的多元相关系数平方是 0.07,这四个主体特征因素可以联合解释声誉评价 7% 的变异量;岗位类型、企业规模、所有制身份、受教育水平、工作年限、声誉评价与劳动合同制度信任的多元相关系数平方是 0.35,这五个主体特征因素和声誉评价可以联合解释劳动合同制度信任 35% 的变异量。

分析主体特征通过声誉评价对劳动合同制度信任的影响(见表 5-10)发现:声誉评价对岗位类型、所有制身份、受教育水平、工作年限影响劳动合同制度信任具有中介效应,这些主体特征因素对劳动合同制度信任的影响部分是通过对企业的声誉评价发生的。比较而言,声誉评价对岗位类型影响劳动合同制度信任的中介效应最强,其次为工作年限和受教育水平,声誉评价对所有制身份影响劳动合同制度信任的中介效应相对较小。进一步比较主体特征因素对劳动合同制度信任的直接影响和间接影响,岗位类型的间接影响甚至大于直接影响;工作年限通过声誉评价对劳动合同制度信任具有间接影响,而且其影响方向发生改变。这充分说明了员工对企业的声誉评价予以劳动合同制度信任影响的中介效应。

表 5-10　主体特征因素对劳动合同制度信任的直接影响、间接影响和总影响

主体特征因素	对劳动合同制度信任的影响(标准化回归系数)		
	直接影响	间接影响	总影响
岗位类型	0.057	0.078	0.135
企业规模	0.094	0.000	0.094
户籍身份	0.000	0.000	0.000
所有制身份	0.089	0.045	0.134

主体特征因素	对劳动合同制度信任的影响（标准化回归系数）		
	直接影响	间接影响	总影响
受教育水平	0.120	0.053	0.172
工作年限	0.146	−0.054	0.092
声誉评价	0.487	——	0.487

综合主体的声誉评价对主体特征影响劳动合同履行信任、劳动合同解除和终止信任、劳动合同制度信任的中介效应，假设 1 被部分证实。

第三节　合法性评价对劳动合同制度信任影响的中介效应

考察员工对企业行为的合法性评价在主体特征影响劳动合同制度信任中是否有中介作用，分析主体特征是否通过合法性评价路径关系影响劳动合同制度信任，需要了解不同主体特征与合法性评价之间的相关性，检验不同主体特征中其合法性评价是否具有显著差异，以此作为考察主体特征、合法性评价与劳动合同制度信任之间复杂关系的基础。

一、员工对企业行为的合法性评价的差异

分析不同岗位类型员工对企业行为的合法性评价（见表 5-11）发现：岗位类型不同的员工对企业行为的合法性评价具有显著差异（$p = 0.000$）。在不同岗位工作的员工，整体上对企业行为的合法性评价比较高；具体比较而言，高层管理者对企业行为的合法性评价最高，对企业行为评价"合法"的占 90.91%；其他依次为专业技术人员，中层管理者，低层管理者，办事人员、职员；工人、营业员、服务员等雇员对企业行为的合法性评价最低。

表5-11　　　　　　　岗位类型与合法性评价的交互分析（％）

	高层管理者	中层管理者	低层管理者	专业技术人员	办事人员、职员	工人、营业员、服务员等雇员
合法	90.91	85.00	84.52	85.04	84.21	67.53
一般	9.09	14.55	14.84	13.87	14.74	29.15
不合法	0.00	0.45	0.65	1.09	1.05	3.32
样本量	33	220	155	274	190	271
卡方检验	$\chi^2 = 44.47$				$p = 0.000$	

分析不同企业规模员工对企业行为的合法性评价（见表5-12）发现：所在企业规模不同的员工对企业行为合法性评价的差异不显著（$p = 0.35$）。在大规模企业工作的员工与在规模一般、较小的企业工作的员工，对所在企业行为的合法性评价没有显著差异。

表5-12　　　　　　　企业规模与合法性评价的交互分析（％）

	50人及以下	51~100人	101~500人	501~2000人	2000人以上
合法	76.88	78.68	82.44	80.70	83.47
一般	21.51	21.32	15.86	17.54	14.83
不合法	1.61	0.00	1.70	1.75	1.69
样本量	186	197	353	171	236
卡方检验	$\chi^2 = 8.87$			$p = 0.35$	

分析不同户籍身份员工对企业行为的合法性评价（见表5-13）发现：户籍身份不同的员工对企业行为合法性评价的差异不显著（$p = 0.57$）。城镇户籍身份员工与农业户籍身份员工对企业行为的合法性评价没有显著差异。

表 5-13　　　　　**户籍身份与合法性评价的交互分析（%）**

	农业户籍	城镇户籍
合法	75.47	82.46
一般	23.77	15.95
不合法	0.75	1.59
样本量	265	724
卡方检验	$\chi^2 = 1.12$	$p = 0.57$

分析不同所有制身份员工对企业行为的合法性评价（见表 5-14）发现：所有制身份不同的员工对企业行为的合法性评价具有显著差异（$p = 0.01$）。不同所有制身份员工整体上对企业行为的合法性评价比较高；具体比较而言，公有制身份员工对企业行为的合法性评价高于私有制身份员工。

表 5-14　　　　　**所有制身份与合法性评价的交互分析（%）**

	公有制	私有制
合法	82.46	75.47
一般	15.95	23.77
不合法	1.59	0.75
样本量	632	511
卡方检验	$\chi^2 = 9.28$	$p = 0.01$

不同受教育水平员工对企业行为的合法性评价的差异分析（见表 5-15）发现：受教育水平不同的员工对企业行为的合法性评价具有显著差异（$p = 0.000$）。不同受教育水平员工整体上对企业行为的合法性评价比较高；具体比较而言，受教育水平为研究生及以上的员工对企业行为的合法性评价最高，对企业行为评价"合法"的占 96.67%；其他依次为本科/专科、高中/中专/技校、初中；小学及以下受教育水平的员工对企业行为的

合法性评价最低。

表 5-15　　　　　　　受教育水平与合法性评价的交互分析（%）

	小学及以下	初中	高中/中专/技校	本科/专科	研究生及以上
合法	50.00	66.30	74.37	84.65	96.67
一般	25.00	32.61	22.47	14.75	3.33
不合法	25.00	1.09	3.16	0.60	0.00
样本量	4	92	316	671	60
卡方检验	$\chi^2 = 60.45$			$p = 0.000$	

分析不同工作年限员工对企业行为的合法性评价（见表 5-16）发现：工作年限不同的员工对企业行为的合法性评价具有显著差异（$p = 0.04$）。不同工作年限员工整体上对企业行为的合法性评价比较高；具体比较而言，工作年限为超过 3 年不足 10 年的员工对企业行为的合法性评价最高，对企业行为评价"合法"的占 84.20%；其他依次为工作年限超过 10 年不足 15 年、超过 1 年不足 3 年、1 年及以下的员工；工作年限在 15 年及以上的员工对企业行为的合法性评价最低。

表 5-16　　　　　　　工作年限与合法性评价的交互分析（%）

	1 年及以下	超过 1 年 不足 3 年	超过 3 年 不足 10 年	超过 10 年 不足 15 年	15 年及以上
合法	79.25	80.07	84.20	81.82	75.90
一般	20.28	19.59	13.99	17.05	20.48
不合法	0.47	0.34	1.81	1.14	3.61
样本量	212	291	386	88	166
卡方检验	$\chi^2 = 16.20$			$p = 0.04$	

分析不同特征员工对企业行为的合法性评价状况发现：主体的部分特征因素与合法性评价具有相关性，那么主体特征可能通过合法性评价影响劳动合同履行信任、劳动合同解除和终止信任和劳动合同制度信任。

二、合法性评价对劳动合同履行信任影响的中介效应

考察员工对企业行为的合法性评价予以主体特征影响劳动合同履行信任的中介效应。分析岗位类型、企业规模、户籍身份、所有制身份、受教育水平、工作年限等主体特征因素通过合法性评价对劳动合同履行信任的间接影响。初步路径分析发现：企业规模、户籍身份对合法性评价的影响，户籍身份对劳动合同履行信任的影响均未达到显著水平，对模型进行修正删除这三条路径，得到路径分析模型（见图5-5）。

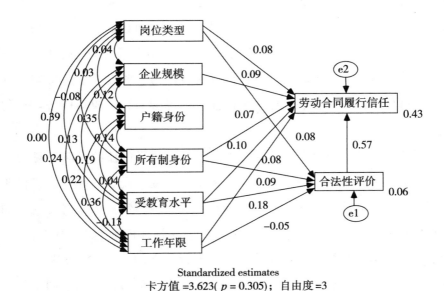

图 5-5 合法性评价对劳动合同履行信任影响的中介效应

调整后路径模型的适配度检验发现：卡方值在自由度等于 3 时为 3.623，显著度 $p = 0.305$，未达到显著性水平，表示待检模型的数据拟合度可以接受。其他适配度检验 RMSEA = 0.013 < 0.05，GFI = 0.999 > 0.900，AGFI = 0.991 > 0.900，说明整体模型适配情况良好，假设模型与实际数据可以适配。删除企业规模、户籍身份对合法性评价的直接影响，户籍身份对劳动合同履行信任的直接影响，对模型进行修正后模型与数据适配度良好。这证实了企业规模、户籍身份对合法性评价没有直接影响，户籍身份对劳动合同履行信任没有直接影响。由此可见，企业规模、户籍身份对劳动合同履行信任的影响中，合法性评价不具有中介效应。

模型中解释合法性评价、劳动合同履行信任变异量的多元相关系数显示：岗位类型、所有制身份、受教育水平、工作年限与合法性评价的多元相关系数平方是 0.06，这四个主体特征因素可以联合解释合法性评价 6% 的变异量；岗位类型、企业规模、所有制身份、受教育水平、工作年限、合法性评价与劳动合同履行信任的多元相关系数平方是 0.43，这五个主体特征因素和合法性评价可以联合解释劳动合同履行信任 43% 的变异量。

分析主体特征通过合法性评价对劳动合同履行信任的影响（见表 5-17）发现：合法性评价对岗位类型、所有制身份、受教育水平、工作年限影响劳动合同履行信任具有中介效应，这些主体特征因素对劳动合同履行信任的影响部分是通过对企业行为的合法性评价发生的。比较而言，合法性评价对受教育水平影响劳动合同履行信任的中介效应最强，其次为所有制身份、岗位类型，合法性评价对工作年限影响劳动合同履行信任的中介效应相对较小。进一步比较主体特征因素对劳动合同履行信任的直接影响和间接影响，工作年限通过合法性评价对劳动合同履行信任具有间接影响，而且其影响方向发生改变。这说明了员工对企业行为合法性评价予以劳动合同履行信任影响的中介效应。

表 5-17　主体特征因素对劳动合同履行信任的直接影响、间接影响和总影响

主体特征因素	对劳动合同履行信任的影响（标准化回归系数）		
	直接影响	间接影响	总影响
岗位类型	0.084	0.043	0.127
企业规模	0.092	0.000	0.092
户籍身份	0.000	0.000	0.000
所有制身份	0.069	0.045	0.115
受教育水平	0.103	0.101	0.204
工作年限	0.091	−0.028	0.063
合法性评价	0.570	—	0.570

三、合法性评价对劳动合同解除和终止信任影响的中介效应

考察员工对企业行为的合法性评价予以主体特征影响劳动合同解除和终止信任的中介效应。分析岗位类型、企业规模、户籍身份、所有制身份、受教育水平、工作年限等主体特征因素通过合法性评价对劳动合同解除和终止信任的间接影响。初步路径分析发现：企业规模、户籍身份对合法性评价的影响，企业规模、户籍身份、受教育水平对劳动合同解除和终止信任的影响均未达到显著水平，对模型进行修正删除这五条路径，得到路径分析模型（见图 5-6）。

调整后路径模型的适配度检验发现：卡方值在自由度等于 5 时为 6.415，显著度 $p = 0.268$，未通过显著性检验，表示待检模型的数据拟合度可以接受。其他适配度检验 RMSEA = 0.016 < 0.05，GFI = 0.999 > 0.900，AGFI = 0.990 > 0.900，说明整体模型适配情况良好，假设模型与实际数据可以适配。删除企业规模、户籍身份对合法性评价的直接影响，企业规模、户籍身份、受教育水平对劳动合同解除和终止信任的直接影响，对模型进行修正后模型与数据适配度良好。证实了企业规模、户籍身份对合法性评价没有直接影响，企业规模、户籍身份、受教育水平对劳动合同解除

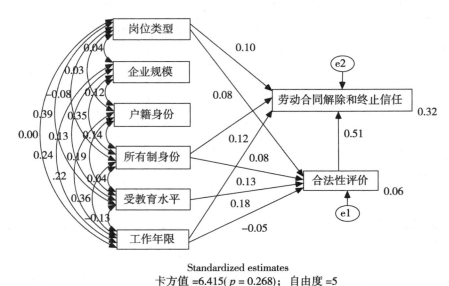

图 5-6 合法性评价对劳动合同解除和终止信任影响的中介效应

和终止信任没有直接影响。由此,企业规模、户籍身份对劳动合同解除和终止信任的影响中,合法性评价不具有中介效应。

模型中解释合法性评价、劳动合同解除和终止信任变异量的多元相关系数显示:岗位类型、所有制身份、受教育水平、工作年限与合法性评价的多元相关系数平方是 0.06,这四个主体特征因素可以联合解释合法性评价6%的变异量;岗位类型、所有制身份、受教育水平、工作年限、合法性评价与劳动合同解除和终止信任的多元相关系数平方是 0.32,这四个主体特征因素和合法性评价可以联合解释劳动合同解除和终止信任32%的变异量。

分析主体特征通过合法性评价对劳动合同解除和终止信任的影响(见表5-18)发现:合法性评价对岗位类型、所有制身份、受教育水平、工作年限影响劳动合同解除和终止信任具有中介效应,这些主体特征因素通过合法性评价对劳动合同解除和终止信任产生间接影响。比较而言，合法性评价对受教育水平影响劳动合同解除和终止信任的中介效应最大，其次为所有制身份、岗位类型，合法性评价对工作年限影响劳动合同解除和终止信任的中介效应相对较小。进一步比较主体特征因素对劳动合同解除和终止信任的直接影响和间接影响，受教育水平对劳动合同解除和终止信任的直接影响不显著，但通过合法性评价对劳动合同解除和终止具有间接影响，合法性评价在受教育水平影响劳动合同解除和终止信任的关系中具有完全中介效应；工作年限通过合法性评价对劳动合同解除和终止信任具有间接影响，而且其影响方向发生改变。这充分说明了员工对企业行为的合法性评价予以劳动合同解除和终止信任的中介效应。

表 5-18 　　主体特征因素对劳动合同解除和终止信任的直接影响、

间接影响和总影响

主体特征因素	对劳动合同解除和终止信任的影响（标准化回归系数）		
	直接影响	间接影响	总影响
岗位类型	0.100	0.038	0.138
企业规模	0.000	0.000	0.000
户籍身份	0.000	0.000	0.000
所有制身份	0.119	0.040	0.159
受教育水平	0.000	0.090	0.090
工作年限	0.135	−0.025	0.110
合法性评价	0.507	—	0.507

四、合法性评价对劳动合同制度信任影响的中介效应

考察员工对企业行为的合法性评价予以主体特征影响劳动合同制度信任的中介效应。分析岗位类型、企业规模、户籍身份、所有制身份、受教育水平、工作年限等主体特征因素通过合法性评价对劳动合同制度信任的

间接影响。初步路径分析发现：企业规模、户籍身份对合法性评价的影响，户籍身份对劳动合同制度信任的影响均未达到显著水平，对模型进行修正删除这三条路径，得到路径分析模型（见图5-7）。

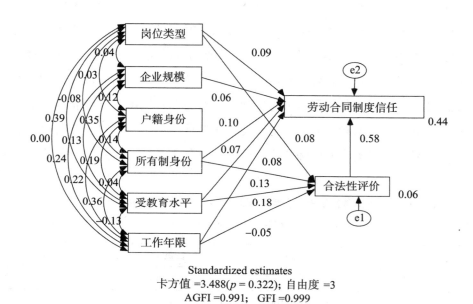

Standardized estimates
卡方值 =3.488(*p* = 0.322); 自由度 =3
AGFI =0.991; GFI =0.999
RMSEA = 0.012

图 5-7 合法性评价对劳动合同制度信任影响的中介效应

调整后路径模型的适配度检验发现：卡方值在自由度等于 3 时为 3.448，显著度 *p* = 0.322，未达到显著性水平，表示待检模型的数据拟合度可以接受。其他适配度检验 RMSEA = 0.012 < 0.05，GFI = 0.999 > 0.900，AGFI = 0.991 > 0.900，说明整体模型适配情况良好，假设模型与实际数据可以适配。删除企业规模、户籍身份对合法性评价的直接影响，户籍身份对劳动合同制度信任的直接影响，对模型进行修正后模型与数据适配度良好。证实了企业规模、户籍身份对合法性评价没有直接影响，户籍身份对劳动合同制度信任没有直接影响。由此，企业规模、户籍身份对劳动合同制度信任的影响，员工对企业行为的合法性评价不具有中介效应。

　　模型中解释合法性评价、劳动合同制度信任变异量的多元相关系数显示：岗位类型、所有制身份、受教育水平、工作年限与合法性评价的多元相关系数平方是 0.06，这四个主体特征因素可以联合解释合法性评价 6% 的变异量；岗位类型、企业规模、所有制身份、受教育水平、工作年限、合法性评价与劳动合同制度信任的多元相关系数平方是 0.44，这五个主体特征因素和合法性评价可以联合解释劳动合同制度信任 44% 的变异量。

　　分析主体特征通过合法性评价对劳动合同制度信任的影响（见表5-19）发现：合法性评价对岗位类型、所有制身份、受教育水平、工作年限影响劳动合同制度信任具有中介效应，这些主体特征因素对劳动合同制度信任的影响部分是通过对企业行为的合法性评价发生的。比较而言，合法性评价对受教育水平影响劳动合同制度信任的中介效应最大，其次为所有制身份、岗位类型，合法性评价对工作年限影响劳动合同制度信任的中介效应相对较小。进一步比较主体特征因素对劳动合同制度信任的直接影响和间接影响，受教育水平通过合法性评价对劳动合同制度信任的间接影响大于直接影响；工作年限通过合法性评价对劳动合同制度信任具有间接影响，而且其影响方向发生改变。这充分说明了员工对企业行为合法性评价予以劳动合同制度信任影响的中介效应。

表5-19　主体特征因素对劳动合同制度信任的直接影响、间接影响和总影响

主体特征因素	对劳动合同制度信任的影响（标准化回归系数）		
	直接影响	间接影响	总影响
岗位类型	0.092	0.044	0.136
企业规模	0.063	0.000	0.063
户籍身份	0.000	0.000	0.000
所有制身份	0.097	0.046	0.143
受教育水平	0.073	0.103	0.177
工作年限	0.126	−0.028	0.097
合法性评价	0.581	—	0.581

综合主体的合法性评价对主体特征影响劳动合同履行信任、劳动合同解除和终止信任、劳动合同制度信任的中介效应，假设 2 被部分证实。

第四节　合理性评价对劳动合同
制度信任影响的中介效应

考察员工对企业行为的合理性评价对主体特征影响劳动合同制度信任是否有中介作用，分析主体特征是否通过合理性评价影响劳动合同制度信任，需要先了解不同主体特征与合理性评价之间的相关性，检验不同主体特征中其合理性评价是否具有显著差异，以此作为考察主体特征、合理性评价与劳动合同制度信任之间复杂关系的基础。

一、员工对企业行为合理性评价的差异

分析不同岗位类型员工对企业行为的合理性评价（见表 5-20）发现：岗位类型不同的员工对企业行为的合理性评价具有显著差异（$p = 0.000$）。高层管理者对企业行为的合理性评价最高，对企业的行为评价"合理"的占 69.70%；其他依次为中层管理者，低层管理者，办事人员、职员，专业技术人员；工人、营业员、服务员等雇员对企业行为的合理性评价最低。

表 5-20　　　　　　　　**岗位类型与合理性评价的交互分析（%）**

	高层管理者	中层管理者	低层管理者	专业技术人员	办事人员、职员	工人、营业员、服务员等雇员
合理	69.70	51.36	43.23	32.85	39.47	29.15
一般	30.30	48.18	49.68	60.22	55.26	58.30
不合理	0.00	0.45	7.10	6.93	5.26	12.53
样本量	33	220	155	274	190	271
卡方检验	$\chi^2 = 64.94$			$p = 0.000$		

分析不同企业规模员工对企业行为的合理性评价（见表 5-21）发现：所在企业规模不同的员工对企业行为合理性评价的差异不显著（$p=0.79$）。在大规模企业工作的员工与在规模一般、较小的企业工作的员工，对所在企业行为的合理性评价没有显著差异。

表 5-21　　　　　**企业规模与合理性评价的交互分析（%）**

	50 人及以下	51~100 人	101~500 人	501~2000 人	2000 人以上
合理	36.02	37.06	38.81	40.94	42.37
一般	58.60	57.36	53.26	52.63	51.27
不合理	5.38	5.58	7.93	6.43	6.36
样本量	186	197	353	171	236
卡方检验	$\chi^2=4.71$		$p=0.79$		

分析不同户籍身份员工对企业行为的合理性评价（见表 5-22）发现：户籍身份不同的员工对企业行为合理性评价的差异不显著（$p=0.76$）。城镇户籍身份员工与农业户籍身份员工对企业行为的合理性评价没有显著差异。

表 5-22　　　　　**户籍身份与合理性评价的交互分析（%）**

	农业户籍	城镇户籍
合理	38.87	39.18
一般	53.58	54.56
不合理	7.55	6.26
样本量	265	724
卡方检验	$\chi^2=0.55$	$p=0.76$

分析不同所有制身份员工对企业行为的合理性评价（见表 5-23）发现：所有制身份不同的员工对企业行为合理性评价的差异不显著（$p=0.69$）。公有制身份员工与私有制身份员工对企业行为的合理性评价没有

165

显著差异。

表 5-23 所有制身份与合理性评价的交互分析 （%）

	公有制	私有制
合理	39.08	39.14
一般	54.91	53.62
不合理	6.01	7.24
样本量	632	511
卡方检验	$\chi^2 = 0.74$	$p = 0.69$

分析不同受教育水平员工对企业行为的合理性评价（见表 5-24）发现：受教育水平不同的员工对企业行为的合理性评价具有显著差异（$p = 0.000$）。不同受教育水平员工整体上对企业行为的合理性评价较低；具体比较而言，受教育水平为研究生及以上的员工对企业行为的合理性评价最高，对企业行为评价"合理"的占 51.67%；其他依次为本科/专科、高中/中专/技校、初中；小学及以下受教育水平员工对企业行为的合理性评价最低。

表 5-24 受教育水平与合理性评价的交互分析 （%）

	小学及以下	初中	高中/中专/技校	本科/专科	研究生及以上
合理	0.00	30.43	34.49	41.58	51.67
一般	50.00	55.43	56.33	53.80	48.33
不合理	50.00	14.13	9.18	4.62	0.00
样本量	4	92	316	671	60
卡方检验	$\chi^2 = 60.45$			$p = 0.000$	

分析不同工作年限员工对企业行为的合理性评价（见表 5-25）发现：工作年限不同的员工对企业行为合理性评价的差异不显著（$p = 0.30$）。不

同工作年限员工对企业行为的合理性评价没有显著差异。

表 5-25　　　　　　工作年限与合理性评价的交互分析（%）

	1 年及以下	超过 1 年不足 3 年	超过 3 年不足 10 年	超过 10 年不足 15 年	15 年及以上
合理	39.15	38.49	39.90	40.91	37.35
一般	52.83	56.36	56.22	51.14	50.00
不合理	8.02	5.15	3.89	7.95	12.65
样本量	212	291	386	88	166
卡方检验	$\chi^2 = 17.01$			$p = 0.30$	

分析不同特征员工对企业行为的合理性评价状况发现：主体的部分特征因素与合理性评价具有相关性，那么主体特征可能通过合理性评价影响劳动合同履行信任、劳动合同解除和终止信任和劳动合同制度信任。

二、合理性评价对劳动合同履行信任影响的中介效应

考察员工对企业行为的合理性评价予以主体特征影响劳动合同履行信任的中介效应。分析岗位类型、企业规模、户籍身份、所有制身份、受教育水平、工作年限等主体特征因素通过合理性评价对劳动合同履行信任的间接影响。初步路径分析发现：企业规模、户籍身份、所有制身份、工作年限对合理性评价的影响，岗位类型、户籍身份对劳动合同履行信任的影响均未达到显著水平，对模型的这六条路径进行修正删除，得到路径分析模型（见图 5-8）。

调整后路径模型的适配度检验发现：卡方值在自由度等于 6 时为 7.514，显著度 $p = 0.276$，未达到显著性水平，表示待检模型的数据拟合度可以接受。其他适配度检验 RMSEA = 0.015 < 0.05，GFI = 0.998 > 0.900，AGFI = 0.990 > 0.900，说明整体模型适配情况良好，假设模型与实际数据可以适配。删除企业规模、户籍身份、所有制身份、工作年限对合理性评

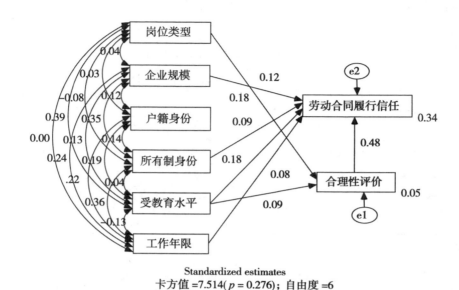

Standardized estimates
卡方值 =7.514（p = 0.276）；自由度 =6
AGFI =0.990； GFI =0.998
RMSEA = 0.015

图 5-8 合理性评价对劳动合同履行信任影响的中介效应

价的直接影响，岗位类型、户籍身份对劳动合同履行信任的直接影响，对模型进行修正后模型与数据适配度良好。这证实了企业规模、户籍身份、所有制身份、工作年限对合理性评价没有直接影响，岗位类型、户籍身份对劳动合同履行信任没有直接影响。由此，企业规模、户籍身份、所有制身份、工作年限对劳动合同履行信任的影响中，合理性评价不具有中介效应。

模型中解释合理性评价、劳动合同履行信任变异量的多元相关系数显示：岗位类型、受教育水平与合理性评价的多元相关系数平方是 0.05，这两个主体特征因素可以联合解释合理性评价 5%的变异量；岗位类型、企业规模、所有制身份、受教育水平、工作年限、合理性评价与劳动合同履行信任的多元相关系数平方是 0.34，这五个主体特征因素和合理性评价可以联合解释劳动合同履行信任 34%的变异量。

　　分析主体特征通过合理性评价对劳动合同履行信任的影响（见表5-26）发现：合理性评价对岗位类型、受教育水平影响劳动合同履行信任具有中介效应，这两个主体特征因素通过合理性评价对劳动合同履行信任产生间接影响。比较而言，合理性评价对岗位类型影响劳动合同履行信任的中介效应大于受教育水平。进一步比较主体特征因素对劳动合同履行信任的直接影响和间接影响，岗位类型对劳动合同履行信任的直接影响不显著，但合理性评价对劳动合同履行信任具有间接影响，合理性评价在岗位类型影响劳动合同履行信任的关系中具有完全中介效应。这说明了员工对企业行为的合理性评价予以劳动合同履行信任影响的中介效应。

表5-26　　　　　　主体特征因素对劳动合同履行信任的
直接影响、间接影响和总影响

主体特征因素	对劳动合同履行信任的影响（标准化回归系数）		
	直接影响	间接影响	总影响
岗位类型	0.000	0.086	0.086
企业规模	0.118	0.000	0.118
户籍身份	0.000	0.000	0.000
所有制身份	0.088	0.000	0.088
受教育水平	0.176	0.044	0.220
工作年限	0.083	0.000	0.083
合理性评价	0.484	—	0.484

三、合理性评价对劳动合同解除和终止信任影响的中介效应

　　考察员工对企业行为的合理性评价予以主体特征影响劳动合同解除和终止信任的中介效应。分析岗位类型、企业规模、户籍身份、所有制身份、受教育水平、工作年限等主体特征因素通过合理性评价对劳动合同解除和终止信任的间接影响。初步路径分析发现：企业规模、户籍身份、所

有制身份、工作年限对合理性评价的影响，岗位类型、企业规模、户籍身份对劳动合同解除和终止信任的影响均未达到显著水平，对模型的这七条路径进行修正删除，得到路径分析模型（见图5-9）。

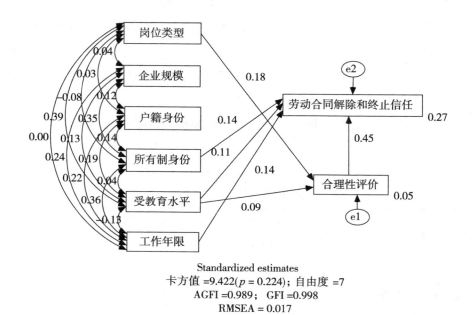

Standardized estimates
卡方值 =9.422(p = 0.224)；自由度 =7
AGFI =0.989； GFI =0.998
RMSEA = 0.017

图 5-9 合理性评价对劳动合同解除和终止信任影响的中介效应

调整后路径模型的适配度检验发现：卡方值在自由度等于 7 时为 9.422，显著度 p = 0.224，未达到显著性水平，表示待检模型的数据拟合度可以接受。其他适配度检验 RMSEA = 0.017 < 0.05，GFI = 0.998 > 0.900，AGFI = 0.989 > 0.900，说明整体模型适配情况良好，假设模型与实际数据可以适配。删除企业规模、户籍身份、所有制身份、工作年限对合理性评价的直接影响，岗位类型、企业规模、户籍身份对劳动合同解除和终止信任的直接影响，对模型进行修正后模型与数据适配度良好。证实了企业规模、户籍身份、所有制身份、工作年限对合理性评价没有直接影响，岗位类型、企业规模、户籍身份对劳动合同解除和终止信任没有直接影响。由此可见，企业规模、户籍身份、所有制身份、工作年限对劳动合同解除和终止信任的影响中，合理性评价不具有中介效应。

模型中解释合理性评价、劳动合同解除和终止信任变异量的多元相关系数显示：岗位类型、受教育水平与合理性评价的多元相关系数平方是0.05，这两个主体特征因素可以联合解释合理性评价5%的变异量；岗位类型、所有制身份、受教育水平、工作年限、合理性评价与劳动合同解除和终止信任的多元相关系数平方是0.27，这四个主体特征因素和合理性评价可以联合解释劳动合同解除和终止信任27%的变异量。

分析主体特征通过合理性评价对劳动合同解除和终止信任的影响（见表5-27）发现：合理性评价对岗位类型、受教育水平影响劳动合同解除和终止信任具有中介效应，这两个主体特征因素通过合理性评价对劳动合同解除和终止信任产生间接影响。比较而言，合理性评价对岗位类型影响劳动合同解除和终止信任的中介效应大于受教育水平。进一步比较主体特征因素对劳动合同解除和终止信任的直接影响和间接影响，岗位类型对劳动合同解除和终止信任的直接影响不显著，但通过合理性评价对劳动合同解除和终止信任具有间接影响，合理性评价在岗位类型影响劳动合同解除和终止信任的关系中具有完全中介效应。这说明了员工对企业行为的合理性评价予以劳动合同解除和终止信任影响的中介效应。

表 5-27　　**主体特征因素对劳动合同解除和终止信任的
直接影响、间接影响和总影响**

主体特征因素	对劳动合同解除和终止信任的影响（标准化回归系数）		
	直接影响	间接影响	总影响
岗位类型	0.000	0.080	0.080
企业规模	0.000	0.000	0.000
户籍身份	0.000	0.000	0.000
所有制身份	0.135	0.000	0.135

续表

主体特征因素	对劳动合同解除和终止信任的影响（标准化回归系数）		
	直接影响	间接影响	总影响
受教育水平	0.107	0.041	0.148
工作年限	0.139	0.000	0.139
合理性评价	0.450	—	0.450

四、合理性评价对劳动合同制度信任影响的中介效应

考察员工对企业行为的合理性评价予以主体特征影响劳动合同制度信任的中介效应。分析岗位类型、企业规模、户籍身份、所有制身份、受教育水平、工作年限等主体特征因素通过合理性评价对劳动合同制度信任的间接影响。初步路径分析发现：企业规模、户籍身份、所有制身份、工作年限对合理性评价的影响，岗位类型、户籍身份对劳动合同制度信任的影响均未达到显著水平，对模型进行修正删除这六条路径，得到路径分析模型（见图 5-10）。

调整后路径模型的适配度检验发现：卡方值在自由度等于 6 时为 7.887，显著度 $p = 0.246$，未达到显著性水平，表示待检模型的数据拟合度可以接受。其他适配度检验 RMSEA = 0.017 < 0.05，GFI = 0.998 > 0.900，AGFI = 0.990 > 0.900，说明整体模型适配情况良好，假设模型与实际数据可以适配。删除企业规模、户籍身份、所有制身份、工作年限对合理性评价的直接影响，岗位类型、户籍身份对劳动合同制度信任的直接影响，对模型进行修正后模型与数据适配度良好。这证实了企业规模、户籍身份、所有制身份、工作年限对合理性评价没有直接影响，岗位类型、户籍身份对劳动合同制度信任没有直接影响。由此可见，企业规模、户籍身份、所有制身份、工作年限对劳动合同制度信任的影响中，合理性评价不具有中

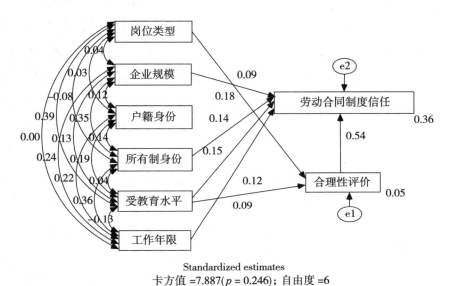

Standardized estimates
卡方值 =7.887(p = 0.246）；自由度 =6
AGFI =0.990； GFI =0.998
RMSEA = 0.017

图 5-10 合理性评价对劳动合同制度信任影响的中介效应

介效应。

模型中解释合理性评价、劳动合同制度信任变异量的多元相关系数显示：岗位类型、受教育水平与合理性评价的多元相关系数平方是 0.05，这两个主体特征因素可以联合解释合理性评价 5% 的变异量；岗位类型、企业规模、所有制身份、受教育水平、工作年限、合理性评价与劳动合同制度信任的多元相关系数平方是 0.36，这五个主体特征因素和合理性评价可以联合解释劳动合同制度信任 36% 的变异量。

分析主体特征通过合理性评价对劳动合同制度信任的影响（见表 5-28）发现：合理性评价对岗位类型、受教育水平影响劳动合同制度信任具有中介效应，这两个主体特征因素通过合理性评价对劳动合同制度信任产生间接影响。比较而言，合理性评价对岗位类型影响劳动合同制

173

度信任的中介效应大于受教育水平。进一步比较主体特征因素对劳动合同制度信任的直接影响和间接影响，岗位类型对劳动合同制度信任的直接影响不显著，但通过合理性评价对劳动合同制度信任具有间接影响，合理性评价在岗位类型影响劳动合同制度信任的关系中具有完全中介效应。这说明了员工对企业行为的合理性评价予以劳动合同制度信任影响的中介效应。

表 5-28　　　主体特征因素对劳动合同制度信任的
直接影响、间接影响和总影响

主体特征因素	对劳动合同制度信任的影响（标准化回归系数）		
	直接影响	间接影响	总影响
岗位类型	0.000	0.090	0.090
企业规模	0.089	0.000	0.089
户籍身份	0.000	0.000	0.000
所有制身份	0.115	0.000	0.115
受教育水平	0.148	0.046	0.194
工作年限	0.118	0.000	0.118
合理性评价	0.508	—	0.508

综合主体的合理性评价对主体特征影响劳动合同履行信任、劳动合同解除和终止信任、劳动合同制度信任的中介效应，假设 3 被部分证实。

第五节　满意度评价对劳动合同制度信任影响的中介效应

考察员工对企业执行结果或效果的满意度评价在主体特征影响劳动合同制度信任中是否有中介作用，分析主体特征是否通过满意度评价路径关系影响劳动合同制度信任，需要先了解不同主体特征与满意度评价之间的相关性，检验不同主体特征中其满意度评价是否具有显著差异，以此作为考察主体特征、满意度评价与劳动合同制度信任之间复杂关系的基础。

一、员工对企业执行结果或效果的满意度评价的差异

分析不同岗位类型员工对企业执行结果或效果的满意度评价（见表5-29）发现：岗位类型不同的员工对企业执行结果或效果的满意度评价具有显著差异（$p = 0.000$）。不同岗位类型员工整体上对企业执行结果或效果的满意度评价比较高；具体比较而言，高层管理者对企业执行结果或效果的满意度评价最高，对企业执行结果或效果评价"满意"的占 84.85%；其他依次为中层管理者，低层管理者，专业技术人员，办事人员、职员；工人、营业员、服务员等雇员对企业执行结果或效果的满意度评价最低。

表 5-29　　　　　　　　岗位类型与满意度评价的交互分析（%）

	高层管理者	中层管理者	低层管理者	专业技术人员	办事人员、职员	工人、营业员、服务员等雇员
满意	84.85	72.27	67.10	62.41	61.58	45.39
一般	15.15	26.82	30.97	34.67	33.68	47.60
不满意	0.00	0.91	1.94	2.92	4.74	7.01
样本量	33	220	155	274	190	271
卡方检验	$\chi^2 = 57.07$			$p = 0.000$		

分析不同企业规模员工对企业执行结果或效果的满意度评价（见表5-30）发现：所在企业规模不同的员工对企业执行结果或效果的满意度评价的差异不显著（$p = 0.69$）。在大规模企业工作的员工与在规模一般、较小的企业工作的员工，对企业执行结果或效果的满意度评价没有显著差异。

表 5-30　　　　　　**企业规模与满意度评价的交互分析（%）**

	50 人及以下	51~100 人	101~500 人	501~2000 人	2000 人以上
满意	60.75	58.88	64.02	56.73	63.56
一般	36.02	36.55	32.01	39.18	34.32
不满意	3.23	4.57	3.97	4.09	2.12
样本量	186	197	353	171	236
卡方检验	$\chi^2=5.65$			$p=0.69$	

分析不同户籍身份员工对企业执行结果或效果的满意度评价（见表 5-31）发现：户籍身份不同的员工对企业执行结果或效果的满意度评价的差异不显著（$p=0.30$）。城镇户籍身份员工与农业户籍身份员工对企业执行结果或效果的满意度评价没有显著差异。

表 5-31　　　　　　**户籍身份与满意度评价的交互分析（%）**

	农业户籍	城镇户籍
满意	57.36	62.64
一般	38.87	33.83
不满意	3.77	3.53
样本量	265	724
卡方检验	$\chi^2=2.44$	$p=0.30$

分析不同所有制身份员工对企业执行结果或效果的满意度评价（见表 5-32）发现：所有制身份不同的员工对企业执行结果或效果的满意度评价具有显著差异（$p=0.037$）。不同所有制身份员工对企业执行结果或效果的满意度评价均比较高；比较而言，公有制身份员工对企业执行结果或效果的满意度评价高于私有制身份员工。

表 5-32　　　　　　　　所有制身份与满意度评价的交互分析 （%）

	公有制	私有制
满意	64.08	61.84
一般	31.81	35.23
不满意	4.11	2.94
样本量	632	511
卡方检验	$\chi^2 = 4.13$	$p = 0.037$

分析不同受教育水平员工对企业执行结果或效果的满意度评价 （见表 5-33） 发现：受教育水平不同的员工对企业执行结果或效果的满意度评价具有显著差异 （$p = 0.000$）。受教育水平为研究生及以上的员工对企业执行结果或效果的满意度评价最高，对企业执行结果或效果评价 "满意" 的占 80.00%；其他依次为本科/专科、高中/中专/技校、初中；小学及以下受教育水平员工对企业执行结果或效果的满意度评价最低。

表 5-33　　　　　　　　受教育水平与满意度评价的交互分析 （%）

	小学及以下	初中	高中/中专/技校	本科/专科	研究生及以上
满意	25.00	47.83	53.80	65.42	80.00
一般	50.00	44.57	40.51	32.34	20.00
不满意	25.00	7.61	5.70	2.24	0.00
样本量	4	92	316	671	60
卡方检验	$\chi^2 = 41.11$			$p = 0.000$	

分析不同工作年限员工对企业执行结果或效果的满意度评 （见表 5-34） 发现：工作年限不同的员工对企业执行结果或效果的满意度评价的差异不显著 （$p = 0.26$）。不同工作年限员工对企业执行结果或效果的满意度评价没有显著差异。

表 5-34　　　　　　工作年限与满意度评价的交互分析（%）

	1 年及以下	超过 1 年不足 3 年	超过 3 年不足 10 年	超过 10 年不足 15 年	15 年及以上
满意	56.13	64.26	64.77	62.50	54.82
一般	41.51	32.30	32.90	30.68	38.55
不满意	2.36	3.44	2.33	6.82	6.63
样本量	212	291	386	88	166
卡方检验	$\chi^2 = 16.62$			$p = 0.26$	

分析不同特征员工对企业执行结果或效果的满意度评价状况发现：主体的部分特征因素与满意度评价具有相关性，那么主体特征可能通过满意度评价影响劳动合同履行信任、劳动合同解除和终止信任和劳动合同制度信任。

二、满意度评价对劳动合同履行信任影响的中介效应

考察员工对企业执行结果或效果的满意度评价予以主体特征影响劳动合同履行信任的中介效应。分析岗位类型、企业规模、户籍身份、所有制身份、受教育水平、工作年限等主体特征因素通过满意度评价对劳动合同履行信任的间接影响。初步路径分析发现：企业规模、户籍身份、工作年限对满意度评价的影响，岗位类型、户籍身份对劳动合同履行信任的影响均未达到显著水平，对模型的这五条路径进行修正删除，得到路径分析模型（见图 5-11）。

调整后路径模型的适配度检验发现：卡方值在自由度等于 5 时为 7.301，显著度 $p = 0.199$，未达到显著性水平，表示待检模型的数据拟合度可以接受。其他适配度检验 RMSEA = 0.020 < 0.05，GFI = 0.998 > 0.900，AGFI = 0.989 > 0.900，说明整体模型适配情况良好，假设模型与实际数据可以适配。删除企业规模、户籍身份、工作年限对满意度评价的直接影响，岗位类型、户籍身份对劳动合同履行信任的直接影响，对模型进行修

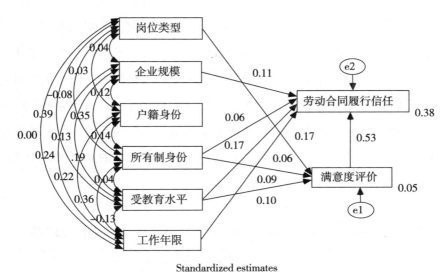

图 5-11　满意度评价对劳动合同履行信任影响的中介效应

正后模型与数据适配度良好。这证实了企业规模、户籍身份、工作年限对满意度评价没有直接影响，岗位类型、户籍身份对劳动合同履行信任没有直接影响。由此可见，企业规模、户籍身份、工作年限对劳动合同履行信任的影响中，满意度评价不具有中介效应。

　　模型中解释满意度评价、劳动合同履行信任变异量的多元相关系数显示：岗位类型、所有制身份、受教育水平与满意度评价的多元相关系数平方是 0.05，这三个主体特征因素可以联合解释满意度评价 5% 的变异量；岗位类型、企业规模、所有制身份、受教育水平、工作年限、满意度评价与劳动合同履行信任的多元相关系数平方是 0.38，这五个主体特征因素和满意度评价可以联合解释劳动合同履行信任 38% 的变异量。

　　分析主体特征通过满意度评价对劳动合同履行信任的影响（见表 5-35）发现：满意度评价对岗位类型、所有制身份、受教育水平影响劳动合同履行信任具有中介效应，这些主体特征因素通过满意度评价对劳动合同履行信任产生间接影响。比较而言，满意度评价对岗位类型影响劳动合同履行信任的中介效应最大，其次为受教育水平、所有制身份。进一步比较主体特征因素对劳动合同履行信任的直接影响和间接影响，岗位类型对劳动合同履行信任的直接影响不显著，但通过满意度评价对劳动合同履行信任具有间接影响，满意度评价在岗位类型影响劳动合同履行信任的关系中具有完全中介效应。这说明员工对企业执行结果或效果的满意度评价予以劳动合同履行信任影响的中介效应。

表5-35　主体特征因素对劳动合同履行信任的直接影响、间接影响和总影响

主体特征因素	对劳动合同履行信任的影响（标准化回归系数）		
	直接影响	间接影响	总影响
岗位类型	0.000	0.087	0.087
企业规模	0.110	0.000	0.110
户籍身份	0.000	0.000	0.000
所有制身份	0.064	0.031	0.096
受教育水平	0.168	0.052	0.221
工作年限	0.087	0.000	0.087
满意度评价	0.526	—	0.526

三、满意度评价对劳动合同解除和终止信任影响的中介效应

考察员工对企业执行结果或效果的满意度评价予以主体特征影响劳动合同解除和终止信任的中介效应。分析岗位类型、企业规模、户籍身份、所有制身份、受教育水平、工作年限等主体特征因素通过满意度评价对劳动合同解除和终止信任的间接影响。初步路径分析发现：企业规模、户籍身份、工作年限对满意度评价的影响，岗位类型、企业规模、户籍身份对

劳动合同解除和终止信任的影响均未达到显著水平，对模型的这六条路径进行修正删除，得到路径分析模型（见图5-12）。

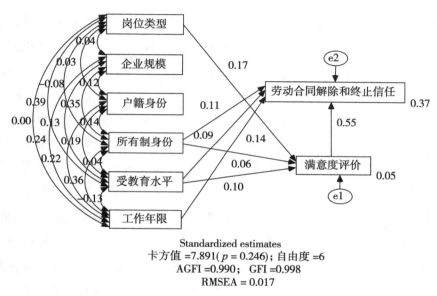

图 5-12　满意度评价对劳动合同解除和终止信任影响的中介效应

　　调整后路径模型的适配度检验发现：卡方值在自由度等于 6 时为 7.891，显著度 $p = 0.246$，未达到显著性水平，表示待检模型的数据拟合度可以接受。其他适配度检验 RMSEA = 0.017 < 0.05，GFI = 0.998 > 0.900，AGFI = 0.990 > 0.900，说明整体模型适配情况良好，假设模型与实际数据可以适配。删除企业规模、户籍身份、工作年限对满意度评价的直接影响，岗位类型、企业规模、户籍身份对劳动合同解除和终止信任的直接影响，对模型进行修正后模型与数据适配度良好。证实了企业规模、户籍身份、工作年限对满意度评价没有直接影响，岗位类型、企业规模、户籍身份对劳动合同解除和终止信任没有直接影响。由此，企业规模、户籍身份、工作年限对劳动合同解除和终止信任的影响中，满意度评价不具有中介效应。

模型中解释满意度评价、劳动合同解除和终止信任变异量的多元相关系数显示：岗位类型、所有制身份、受教育水平与满意度评价的多元相关系数平方是 0.05，这三个主体特征因素可以联合解释满意度评价5% 的变异量；岗位类型、所有制身份、受教育水平、工作年限、满意度评价与劳动合同解除和终止信任的多元相关系数平方是 0.37，这四个主体特征因素和满意度评价可以联合解释劳动合同解除和终止信任 37% 的变异量。

分析主体特征通过满意度评价对劳动合同解除和终止信任的影响（见表 5-36）发现：满意度评价对岗位类型、所有制身份、受教育水平影响劳动合同解除和终止信任具有中介效应，这些主体特征因素通过满意度评价对劳动合同解除和终止信任产生间接影响。比较而言，满意度评价对岗位类型影响劳动合同解除和终止信任的中介效应最大，其次为受教育水平、所有制身份。进一步比较主体特征因素对劳动合同解除和终止信任的直接影响和间接影响，岗位类型对劳动合同解除和终止信任的直接影响不显著，但通过满意度评价对劳动合同解除和终止信任具有间接影响，满意度评价在岗位类型影响劳动合同解除和终止信任的关系中具有完全中介效应。这说明员工对企业执行结果或效果的满意度评价予以劳动合同解除和终止信任影响的中介效应。

表 5-36　　　　主体特征因素对劳动合同解除和终止信任的
直接影响、间接影响和总影响

主体特征因素	对劳动合同解除和终止信任的影响（标准化回归系数）		
	直接影响	间接影响	总影响
岗位类型	0.000	0.090	0.090
企业规模	0.000	0.000	0.000
户籍身份	0.000	0.000	0.000
所有制身份	0.108	0.033	0.140
受教育水平	0.090	0.054	0.144

续表

主体特征因素	对劳动合同解除和终止信任的影响（标准化回归系数）		
	直接影响	间接影响	总影响
工作年限	0.143	0.000	0.143
满意度评价	0.546	—	0.546

四、满意度评价对劳动合同制度信任影响的中介效应

考察员工对企业执行结果或效果的满意度评价予以主体特征影响劳动合同制度信任的中介效应。分析岗位类型、企业规模、户籍身份、所有制身份、受教育水平、工作年限等主体特征因素通过满意度评价对劳动合同制度信任的间接影响。初步路径分析发现：企业规模、户籍身份、工作年限对满意度评价的影响，岗位类型、户籍身份对劳动合同制度信任的影响均未达到显著水平，对模型的这五条路径进行修正删除，得到路径分析模型（见图5-13）。

调整后路径模型的适配度检验发现：卡方值在自由度等于5时为7.384，显著度 $p=0.194$，未达到显著性水平，表示待检模型的数据拟合度可以接受。其他适配度检验 RMSEA=0.020 < 0.05，GFI=0.998 > 0.900，AGFI=0.988 > 0.900，说明整体模型适配情况良好，假设模型与实际数据可以适配。删除企业规模、户籍身份、工作年限对满意度评价的直接影响，岗位类型、户籍身份对劳动合同制度信任的直接影响，对模型进行修正后模型与数据适配度良好。这证实了企业规模、户籍身份、工作年限对满意度评价没有直接影响，岗位类型、户籍身份对劳动合同制度信任没有直接影响。由此可见，企业规模、户籍身份、工作年限对劳动合同制度信任的影响中，满意度评价不具有中介效应。

模型中解释满意度评价、劳动合同制度信任变异量的多元相关系数显示：岗位类型、所有制身份、受教育水平与满意度评价的多元相关系数平方是0.05，这三个主体特征因素可以联合解释满意度评价5%的变异量；

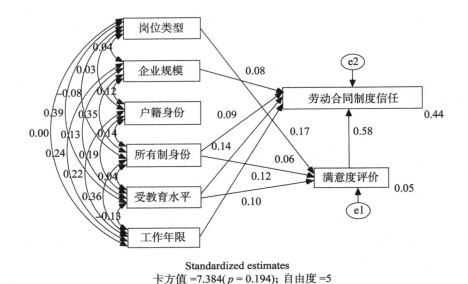

Standardized estimates
卡方值 =7.384(p = 0.194); 自由度 =5
AGFI =0.988; GFI =0.998
RMSEA = 0.020

图 5-13 满意度评价对劳动合同制度信任影响的中介效应

岗位类型、企业规模、所有制身份、受教育水平、工作年限、满意度评价与劳动合同制度信任的多元相关系数平方是 0.44，这五个主体特征因素和满意度评价可以联合解释劳动合同制度信任 44% 的变异量。

分析主体特征通过满意度评价对劳动合同制度信任的影响（见表 5-37）发现：满意度评价对岗位类型、所有制身份、受教育水平影响劳动合同制度信任具有中介效应，这些主体特征因素通过满意度评价对劳动合同制度信任产生间接影响。比较而言，满意度评价对岗位类型影响劳动合同制度信任的中介效应最大，其次为受教育水平、所有制身份。进一步比较主体特征因素对劳动合同制度信任的直接影响和间接影响，岗位类型对劳动合同制度信任的直接影响不显著，但通过满意度评价对劳动合同制度信任具有间接影响，满意度评价在岗位类型影响劳动合同制度信任的关系中具有完全中介效应。这说明员工对企业执行结果或效果的满意度评价予以劳动合同制度信任影响的中介效应。

表5-37　主体特征因素对劳动合同制度信任的直接影响、间接影响和总影响

主体特征因素	对劳动合同制度信任的影响（标准化回归系数）		
	直接影响	间接影响	总影响
岗位类型	0.000	0:096	0.096
企业规模	0.080	0.000	0.080
户籍身份	0.000	0.000	0.000
所有制身份	0.088	0.035	0.096
受教育水平	0.135	0.058	0.193
工作年限	0.123	0.000	0.123
满意度评价	0.526	—	0.584

综合主体的满意度评价对主体特征影响劳动合同履行信任、劳动合同解除和终止信任、劳动合同制度信任的中介效应，假设4被部分证实。

第六节　本章小结

考察主体的"制度体验"影响劳动合同制度信任的中介效应，分析主体特征通过主体的"制度体验"对劳动合同制度信任的间接影响，本章得到以下四个发现：

第一，主体的"制度体验"对主体特征影响劳动合同制度信任具有中介效应。其中，主体特征因素中的岗位类型、所有制身份、受教育水平、工作年限可以通过对企业的声誉评价、对企业行为的合法性评价间接影响劳动合同制度信任；岗位类型、受教育水平对劳动合同制度信任的影响，也可以通过对企业行为的合理性评价间接发生作用；岗位类型、所有制身份、受教育水平能够通过对企业执行结果或效果的满意度评价间接影响劳

动合同制度信任。

第二，主体特征不仅直接影响劳动合同制度信任，而且通过主体的"制度体验"间接影响劳动合同制度信任。岗位类型、受教育水平通过声誉评价、合法性评价、合理性评价、满意度评价间接影响劳动合同制度信任，而且合理性评价、满意度评价在岗位类型与劳动合同制度信任之间具有完全中介效应。工作年限通过声誉评价、合法性评价间接影响劳动合同制度信任，而且声誉评价、合法性评价的中介效应改变了工作年限的影响方向。所有制身份通过声誉评价、合法性评价、满意度评价对劳动合同制度信任的间接作用较小。主体的四个维度"制度体验"对企业规模、户籍身份影响劳动合同制度信任不具有中介效应。

第三，考察主体的"制度体验"与劳动合同制度信任之间的关系，除了分析主体的"制度体验"予以劳动合同制度信任的直接影响和中介效应，还需要进一步思考：主体四个维度的"制度体验"之间，即员工对企业的声誉评价、行为的合法性、合理性评价、执行结果或效果的满意度的评价之间是否存在着某种复杂、综合的逻辑关系，能够通过一定关系链、路径对劳动合同制度信任产生影响？这是值得进一步思考和研究的内容。

第六章 主体的"制度体验"影响劳动合同制度信任的作用路径

主体对制度执行者本身、执行制度行为、结果或效果等各方面的评价，是一个关于制度执行者的"主观评价丛"。"主观评价丛"中的评价之间可能相互关联，一个方面或多个方面评价一经产生、形成，会指导对制度执行者其他方面的态度、反应、评价，再影响制度信任。对此，基于企业员工的"制度体验"对劳动合同制度信任的直接影响效应，"制度体验"对主体特征影响劳动合同制度信任的中介效应，本书将进一步考察企业员工的"制度体验"与劳动合同制度信任的关系，分析主体的"制度体验"影响劳动合同制度信任的逻辑关系和作用路径。

第一节 问题与假设

对一项社会制度的信任程度，一定程度上取决于人们相信制度代理人会在多大程度上去实现这些制度承诺。① 更准确地说，制度信任来源于人们对制度执行者在社会生活中日常表现的感受、认知、评价。然而任何具体制度信任并非来源于人们社会生活实践的所有感受、认知、评价，只来源于与具体制度信任有关联的那部分社会生活实践。同时，与制度信任有关联的感受、认知、评价也并非独立、不相关，对制度执行者不同方面反

---

① 邹宇春. 提升制度信任：确保政府良性运行的重要方向 [J]. 中国发展观察，2014（8）.

思、评价而形成的"主观评价丛"中，各方面评价之间具有逻辑性关联。

在劳动合同制度的实施、执行中，员工会根据以往经历、相关经验，对企业执行劳动合同制度的具体行为是否合法、合理，执行结果或效果是否满意，制度执行者声誉状况如何等方面产生主观感受、认知、评价即"制度体验"。员工对企业行为过程是否合法、合理的主观感受、认知、评价状态和结果，会影响员工对企业执行制度的结果或效果的评价，也可能会使员工对企业声誉做出不同性质、程度的判断。换言之，企业行为是否合法、合理，影响和制约着员工对企业执行劳动合同制度的结果满意度和企业声誉的评价。同时，声誉评价是对企业综合、整体声誉情况的主观反映，员工对劳动合同制度执行情况的满意度评价也会影响员工对企业的声誉评价。那么，员工对企业不同方面的评价之间的关联性，使主体的"制度体验"对劳动合同制度信任的影响呈现出复杂的关系路径，具体表现为：合法性评价、合理性评价分别通过满意度评价、声誉评价，影响劳动合同制度信任；合法性评价、合理性评价先通过满意度评价，再通过声誉评价对劳动合同制度信任产生间接影响（见图6-1）。

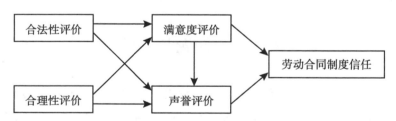

图 6-1　主体的"制度体验"影响劳动合同制度信任的路径关系

由此，主体四个维度的"制度体验"之间可能通过复杂、综合的逻辑关系影响劳动合同制度信任，提出主体的"制度体验"影响劳动合同制度信任的路径假设：

假设 1：员工对企业行为的合法性评价通过执行结果或效果的满意度评价影响劳动合同制度信任；满意度评价在合法性评价与劳动合同制度信

任之间具有中介效应。

假设2：员工对企业行为的合法性评价通过声誉评价影响劳动合同制度信任；声誉评价在合法性评价与劳动合同制度信任之间具有中介效应。

假设3：员工对企业行为的合法性评价通过执行结果或效果的满意度评价，再通过声誉评价影响劳动合同制度信任；满意度评价、声誉评价同时在合法性评价与劳动合同制度信任之间具有中介效应。

假设4：员工对企业行为的合理性评价通过执行结果或效果的满意度评价影响劳动合同制度信任；满意度评价在合理性评价与劳动合同制度信任之间具有中介效应。

假设5：员工对企业行为的合理性评价通过声誉评价影响劳动合同制度信任；声誉评价在合理性评价与劳动合同制度信任之间具有中介效应。

假设6：员工对企业行为的合理性评价通过执行结果或效果的满意度评价，再通过声誉评价影响劳动合同制度信任；满意度评价、声誉评价同时在合理性评价与劳动合同制度信任之间具有中介效应。

第二节　主体的"制度体验"影响劳动 合同履行信任的作用路径

本书中建立主体的"制度体验"与劳动合同履行信任的路径分析模型，考察合法性评价、合理性评价、满意度评价、声誉评价影响劳动合同履行信任的作用路径。对假设路径模型进行初步分析发现：路径分析模型的整体适配度卡方值很大，假设模型综合评估的适配度欠佳。根据模型修正指标值的提示（M.I.），对原模型加以修正，将假设模型中满意度评价变量的误差变量 e2、劳动合同履行信任变量的误差变量 e4 由固定参数改为自由参数，得到路径分析模型图（见图6-2）。

修正后的路径模型（M.I.）没有提示新的修正指标值，卡方值明显降低（179.0 变为9.2）。整体模型在自由度等于1时，显著度 $p = 0.002$，达到显著性水平，表示待检模型的数据拟合度比较差；其他适配度检验

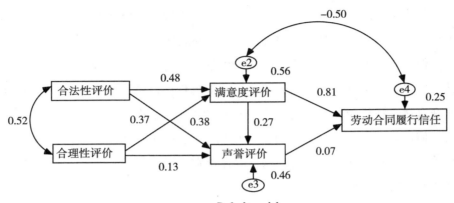

图 6-2　主体的"制度体验"影响劳动合同履行信任的作用路径

RMSEA = 0.085 虽然大于 0.05，但接近 0.05 可以接受；GFI = 0.997 > 0.900，AGFI = 0.952 > 0.900，说明整体模型适配情况良好，假设模型与实际数据可以适配。模型中解释内生变量变异量的多元相关系数显示：合法性评价、合理性评价、满意度评价、声誉评价与劳动合同履行信任的多元相关系数平方是 0.25，主体四个维度的"制度体验"通过路径作用可以联合解释劳动合同履行信任 25% 的变异量。路径分析数据同时显示：合法性评价、合理性评价与满意度评价的多元相关系数平方是 0.56，合法性评价、合理性评价能够联合解释满意度评价 56% 的变异量；合法性评价、合理性评价、满意度评价与声誉评价的多元相关系数平方是 0.46，合法性评价、合理性评价、满意度评价可以联合解释声誉评价 46% 的变异量。

通过分析主体的"制度体验"影响劳动合同履行信任的作用路径，合法性评价、合理性评价通过满意度评价、声誉评价对劳动合同履行信任的影响有六条路径，每条路径的影响均达到显著水平（$p<0.05$，下同）。路径分析结果显示（见表 6-1）：

表 6-1　　　　　　　　　　路径分析结果（标准化回归系数）①

自变量	对满意度评价的直接影响	对声誉评价的影响		对劳动合同履行信任的影响				
		直接	间接	直接	间接 1	间接 2	间接 3	总影响
合法性评价	0.478	0.368	0.131	—	0.387	0.032	0.009	0.428
合理性评价	0.380	0.127	0.104	—	0.307	0.025	0.007	0.339
满意度评价	—	0.274	—	0.809	—	—	—	0.825
声誉评价	—	—	—	0.067	—	—	—	0.067

　　第一条，合法性评价→满意度评价→劳动合同履行信任的路径中，合法性评价通过满意度评价对劳动合同履行信任的间接影响系数为 0.387。满意度评价对合法性评价影响劳动合同履行信任具有较强的中介效应。

　　第二条，合法性评价→声誉评价→劳动合同履行信任的路径中，合法性评价通过声誉评价对劳动合同履行信任的间接影响系数为 0.032。声誉评价对合法性评价影响劳动合同履行信任具有一定的中介效应。

　　第三条，合法性评价→满意度评价→声誉评价→劳动合同履行信任的路径中，合法性评价通过满意度评价、声誉评价递推关系，对劳动合同履行信任的间接影响系数是 0.009。满意度评价、声誉评价递推关系对合法性评价影响劳动合同履行信任具有非常小的中介效应。

　　第四条，合理性评价→满意度评价→劳动合同履行信任的路径中，合理性评价通过满意度评价对劳动合同履行信任的间接影响系数为 0.307。

————————

　　①　第一个间接影响系数即表 6-1 中的"间接 1"，是合法性评价、合理性评价对满意度评价的直接影响系数与满意度评价对劳动合同履行信任的影响系数相乘得到的；"间接 2"是合法性评价、合理性评价对声誉评价的直接影响系数与声誉评价对劳动合同履行信任的影响系数相乘得到的；"间接 3"是合法性评价、合理性评价对满意度评价的直接影响系数、满意度评价对声誉评价直接影响系数、声誉评价对劳动合同履行信任直接影响系数相乘得到的。合法性评价、合理性评价总影响分别是"间接 1""间接 2""间接 3"之和；满意度评价的总影响是合法性评价、合理性评价的"间接 3"影响系数与满意度评价直接影响系数之和。

满意度评价对合理性评价影响劳动合同履行信任具有较强的中介效应。

第五条，合理性评价→声誉评价→劳动合同履行信任的路径中，合理性评价通过声誉评价对劳动合同履行信任的间接影响系数为 0.025。声誉评价对合理性评价影响劳动合同履行信任具有一定的中介效应。

第六条，合理性评价→满意度评价→声誉评价→劳动合同履行信任的路径中，合理性评价通过满意度评价、声誉评价递推关系，对劳动合同履行信任的间接影响系数是 0.007。满意度评价、声誉评价递推关系对合理性评价影响劳动合同履行信任具有非常小的中介效应。

比较分析六条路径对劳动合同履行信任的影响作用发现：合法性评价、合理性评价分别通过满意度评价、声誉评价对劳动合同履行信任产生间接影响；合法性评价、合理性评价通过满意度评价、声誉评价递推关系对劳动合同履行信任也具有一定间接影响。六条路径中，合法性评价通过满意度评价对劳动合同履行信任的间接影响最大；其他依次为合理性评价通过满意度评价路径、合法性评价通过声誉评价路径、合理性评价通过声誉评价路径；通过满意度评价、声誉评价递推关系，合法性评价、合理性评价对劳动合同履行信任的间接影响均非常小。

由此说明：第一，主体四个维度的"制度体验"具有复杂、综合的关联性，通过路径关系影响劳动合同履行信任；员工对企业行为的合法性、合理性评价首先影响他们对企业执行结果或效果的满意度或企业整体声誉的评价，再作用于劳动合同履行信任。第二，六条路径关系中，合法性评价、合理性评价通过满意度评价路径对劳动合同履行信任的间接影响最凸显，满意度评价对合法性、合理性评价影响劳动合同履行信任的中介效应最大，即员工对企业行为（合法性、合理性）的评价主要通过对企业执行结果或效果（满意度）的评价影响劳动合同履行信任。

第三节　主体的"制度体验"影响劳动合同
解除和终止信任的作用路径

本书中建立主体的"制度体验"与劳动合同解除和终止信任的路径分

析模型，考察合法性评价、合理性评价、满意度评价、声誉评价影响劳动合同解除和终止信任的作用路径。对假设路径模型进行初步分析发现：路径分析模型的整体适配度卡方值比较大，假设模型综合评估的适配度欠佳。根据模型修正指标值的提示（M.I.），对原模型加以修正，将假设模型中满意度评价变量的误差变量 e2、劳动合同解除和终止信任变量的误差变量 e4 由固定参数改为自由参数，得到路径分析模型图（见图 6-3）。

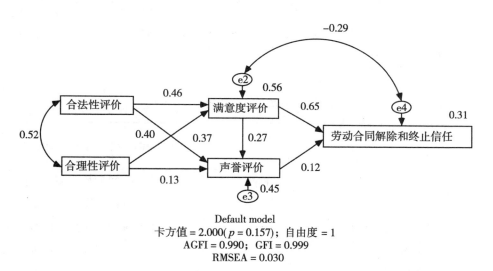

图 6-3　主体的"制度体验"影响劳动合同解除和终止信任的作用路径

修正后的路径模型（M.I.）没有提示新的修正指标值，卡方值明显降低（52.7 变为 2.0）。整体模型在自由度等于 1 时，显著度 $p = 0.157$，未达到显著性水平，表示待检模型的数据拟合度非常好；其他适配度检验 RMSEA $= 0.03 < 0.05$；GFI $= 0.999 > 0.900$，AGFI $= 0.990 > 0.900$，说明整体模型适配情况良好，假设模型与实际数据可以适配。模型中解释内生变量变异量的多元相关系数显示：合法性评价、合理性评价、满意度评价、声誉评价与劳动合同解除和终止信任的多元相关系数平方是 0.31，主体四个维度的"制度体验"通过路径作用可以联合解释劳动合同解除和终止信任31%的变异量。路径分析数据同时显示：合法性评价、合理性评价与满意度评价的多元相关系数平方是0.56，合法性评价、合理性评价能够联合解释满意度评价56%的变异量；合法性评价、合理性评价、满意度评价与声誉评价的多元相关系数平方是0.45，合法性评价、合理性评价、满意度评价可以联合解释声誉评价45%的变异量。

通过主体的"制度体验"影响劳动合同解除和终止信任的作用路径分析，合法性评价、合理性评价通过满意度评价、声誉评价对劳动合同解除和终止信任的间接影响有六条路径，每条路径的影响均达到显著水平。路径分析结果显示（见表6-2）：

表6-2　　　　　　　　路径分析结果（标准化回归系数）①

自变量	对满意度评价的直接影响	对声誉评价的影响		对劳动合同解除和终止信任的影响				
		直接	间接	直接	间接1	间接2	间接3	总影响
合法性评价	0.457	0.369	0.125	—	0.298	0.056	0.015	0.369
合理性评价	0.403	0.127	0.110	—	0.262	0.049	0.013	0.324
满意度评价	—	0.274	—	0.651	—	—	—	0.679
声誉评价	—	—	—	0.122	—	—	—	0.122

第一条，合法性评价→满意度评价→劳动合同解除和终止信任的路径中，合法性评价通过满意度评价对劳动合同解除和终止信任的间接影响系

---

① 第一个间接影响系数即表6-2中"间接1"，是合法性评价、合理性评价对满意度评价的直接影响系数与满意度评价对劳动合同解除和终止信任的影响系数相乘得到的；"间接2"是合法性评价、合理性评价对声誉评价的直接影响系数与声誉评价对劳动合同解除和终止信任的影响系数相乘得到的；"间接3"是合法性评价、合理性评价对满意度评价的直接影响系数、满意度评价对声誉评价直接影响系数、声誉评价对劳动合同解除和终止信任直接影响系数相乘得到的。合法性评价、合理性评价总影响分别是"间接1""间接2""间接3"之和；满意度评价的总影响是合法性评价、合理性评价的"间接3"影响系数与满意度评价直接影响系数之和。

数为 0.298。满意度评价对合法性评价影响劳动合同解除和终止信任具有较强的中介效应。

第二条,合法性评价→声誉评价→劳动合同解除和终止信任的路径中,合法性评价通过声誉评价对劳动合同解除和终止信任的间接影响系数为 0.056。声誉评价对合法性评价影响劳动合同解除和终止信任具有一定的中介效应。

第三条,合法性评价→满意度评价→声誉评价→劳动合同解除和终止信任的路径中,合法性评价通过满意度评价、声誉评价递推关系,对劳动合同解除和终止信任的间接影响系数是 0.015。满意度评价、声誉评价递推关系对合法性评价影响劳动合同解除和终止信任具有比较小的中介效应。

第四条,合理性评价→满意度评价→劳动合同解除和终止信任的路径中,合理性评价通过满意度评价对劳动合同解除和终止信任的间接影响系数为 0.262。满意度评价对合理性评价影响劳动合同解除和终止信任具有较强的中介效应。

第五条,合理性评价→声誉评价→劳动合同解除和终止信任的路径中,合理性评价通过声誉评价对劳动合同解除和终止信任的间接影响系数为 0.049。声誉评价对合理性评价影响劳动合同解除和终止信任具有一定的中介效应。

第六条,合理性评价→满意度评价→声誉评价→劳动合同解除和终止信任的路径中,合理性评价通过满意度评价、声誉评价递推关系,对劳动合同解除和终止信任的间接影响系数是 0.013。满意度评价、声誉评价递推关系对合理性评价影响劳动合同解除和终止信任具有比较小的中介效应。

比较分析六条路径对劳动合同解除和终止信任的影响作用发现:合法性评价、合理性评价分别通过满意度评价、声誉评价对劳动合同解除和终止信任产生间接影响;合法性评价、合理性评价通过满意度评价、声誉评价递推关系,对劳动合同解除和终止信任也具有一定间接影响。六条路径中，合法性评价通过满意度评价对劳动合同解除和终止信任的间接影响最大；其他依次为合理性评价通过满意度评价路径、合法性评价通过声誉评价路径、合理性评价通过声誉评价路径；通过满意度评价、声誉评价递推关系，合法性评价、合理性评价对劳动合同解除和终止信任的间接影响均非常小。

由此说明：第一，主体四个维度的"制度体验"具有复杂、综合的关联性，通过路径关系影响劳动合同解除和终止信任，员工对企业行为的合法性、合理性评价首先影响他们对企业执行结果或效果的满意度或企业整体声誉的评价，再作用于劳动合同解除和终止信任；第二，六条路径关系中，合法性评价、合理性评价通过满意度评价路径对劳动合同解除和终止信任的间接影响最凸显，满意度评价对合法性、合理性评价影响劳动合同解除和终止信任的中介效应最大，即员工对企业行为（合法性、合理性）的评价主要通过对企业执行结果或效果（满意度）的评价影响劳动合同解除和终止信任。

第四节　主体的"制度体验"影响劳动合同制度信任的作用路径

本书中建立主体的"制度体验"与劳动合同制度信任的路径分析模型，考察合法性评价、合理性评价、满意度评价、声誉评价影响劳动合同制度信任的作用路径。对假设路径模型进行初步分析发现：路径分析模型的整体适配度卡方值很大，假设模型综合评估的适配度欠佳。根据模型修正指标值的提示（M. I.），对原模型加以修正，将假设模型中满意度评价变量的误差变量 e2、劳动合同制度信任变量的误差变量 e4 由固定参数改为自由参数，得到路径分析模型图（见图6-4）。

修正后的路径模型（M. I.）没有提示新的修正指标值，卡方值明显降低（135.9 变为 6.2）。整体模型在自由度等于 1 时，显著度 $p = 0.013$，达到显著性水平，表示待检模型的数据拟合度相对较差；其他适配度检验

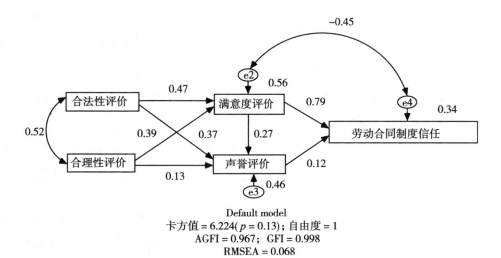

Default model
卡方值 = 6.224(p = 0.13);自由度 = 1
AGFI = 0.967;GFI = 0.998
RMSEA = 0.068

图 6-4 主体的"制度体验"影响劳动合同制度信任的作用路径

RMSEA = 0.068 虽然大于 0.05 但显著性水平接近 0.05,可以接受;GFI = 0.998 > 0.900,AGFI = 0.967 > 0.900,说明整体模型适配情况良好,假设模型与实际数据可以适配。模型中解释内生变量变异量的多元相关系数显示:合法性评价、合理性评价、满意度评价、声誉评价与劳动合同制度信任的多元相关系数平方是 0.34,主体四个维度的"制度体验"通过路径作用可以联合解释劳动合同制度信任 34% 的变异量。路径分析数据同时显示:合法性评价、合理性评价与满意度评价的多元相关系数平方是 0.56,合法性评价、合理性评价能够联合解释满意度评价 56% 的变异量;合法性评价、合理性评价、满意度评价与声誉评价的多元相关系数是 0.46,合法性评价、合理性评价、满意度评价可以联合解释声誉评价 46% 的变异量。

通过主体的"制度体验"影响劳动合同制度信任的作用路径分析,合法性评价、合理性评价通过满意度评价、声誉评价对劳动合同制度信任的间接影响有六条路径,每条路径的影响均达到显著水平。路径分析结果显示(见表 6-3):

表 6-3 　　　　　　　　路径分析结果（标准化回归系数）①

自变量	对满意度评价的直接影响	对声誉评价的影响		对劳动合同制度信任的影响				
		直接	间接	直接	间接 1	间接 2	间接 3	总影响
合法性评价	0.470	0.368	0.129	—	0.371	0.038	0.013	0.422
合理性评价	0.389	0.127	0.107	—	0.307	0.013	0.011	0.331
满意度评价	—	0.274	—	0.790	—	—	—	0.814
声誉评价	—			0.104				0.104

第一条，合法性评价→满意度评价→劳动合同制度信任的路径中，合法性评价通过满意度评价对劳动合同制度信任的间接影响系数为 0.371，满意度评价对合法性评价影响劳动合同制度信任具有较强的中介效应。

第二条，合法性评价→声誉评价→劳动合同制度信任的路径中，合法性评价通过声誉评价对劳动合同制度信任的间接影响系数为 0.038。声誉评价对合法性评价影响劳动合同制度信任具有一定中介效应。

第三条，合法性评价→满意度评价→声誉评价→劳动合同制度信任的路径中，合法性评价通过满意度评价、声誉评价递推关系，对劳动合同制度信任的间接影响系数是 0.013，满意度评价、声誉评价递推关系对合法性评价影响劳动合同制度信任具有比较小的中介效应。

第四条，合理性评价→满意度评价→劳动合同制度信任的路径中，合理性评价通过满意度评价对劳动合同制度信任的间接影响系数为 0.307。

————————

①　第一个间接影响系数即表 6-3 中"间接 1"，是合法性评价、合理性评价对满意度评价的直接影响系数与满意度评价对劳动合同制度信任的影响系数相乘得到的；"间接 2"是合法性评价、合理性评价对声誉评价的直接影响系数与声誉评价对劳动合同制度信任的影响系数相乘得到的；"间接 3"是合法性评价、合理性评价对满意度评价的直接影响系数、满意度评价对声誉评价直接影响系数、声誉评价对劳动合同制度信任直接影响系数相乘得到的。合法性评价、合理性评价总影响分别是"间接 1""间接 2""间接 3"之和；满意度评价的总影响是合法性评价、合理性评价的"间接 3"影响系数与满意度评价直接影响系数之和。

满意度评对合理性评价影响劳动合同制度信任具有较强的中介效应。

第五条,合理性评价→声誉评价→劳动合同制度信任的路径中,合理性评价通过声誉评价对劳动合同制度信任的间接影响系数为 0.013。声誉评价对合理性评价影响劳动合同制度信任具有比较小的中介效应。

第六条,合理性评价→满意度评价→声誉评价→劳动合同制度信任的路径中,合理性评价通过满意度评价、声誉评价递推关系,对劳动合同制度信任的间接影响系数是 0.011。满意度评价、声誉评价递推关系对合理性评价影响劳动合同制度信任具有比较小的中介效应。

比较分析六条路径对劳动合同制度信任的影响作用发现:合法性评价、合理性评价分别通过满意度评价、声誉评价对劳动合同制度信任具有间接影响;合法性评价、合理性评价通过满意度评价、声誉评价递推关系对劳动合同制度信任也具有一定的间接影响。六条路径中,合法性评价通过满意度评价对劳动合同制度信任的间接影响最大;其他依次为合理性评价通过满意度评价路径、合法性评价通过声誉评价路径、合理性评价通过声誉评价路径;通过满意度评价、声誉评价递推关系,合法性评价、合理性评价对劳动合同制度信任的间接影响均非常小。

由此说明:第一,主体四个维度的"制度体验"具有复杂、综合的关联性,通过路径关系影响劳动合制度信任,员工对企业行为的合法性、合理性评价首先影响他们对企业执行结果或效果的满意度或企业整体声誉的评价,再作用于劳动合同制度信任;第二,六条路径关系中,合法性评价、合理性评价通过满意度评价路径对劳动合同制度信任的间接影响最凸显,满意度评价对合法性、合理性评价影响劳动合同制度信任的中介效应最大,即员工对企业行为(合法性、合理性)的评价主要通过对企业执行结果或效果(满意度)的评价影响劳动合同制度信任。

综合主体的"制度体验"影响劳动合同履行信任、劳动合同解除和终止信任、劳动合同制度信任的作用路径,假设1、假设2、假设3、假设4、假设5、假设6均被证实。

第五节　本章小结

考察主体的"制度体验"影响劳动合同制度信任的作用路径，得到以下四个发现：

第一，主体四个维度的"制度体验"（合法性评价、合理性评价、满意度评价、声誉评价）之间具有逻辑关联性，通过路径关系对劳动合同履行信任、劳动合同解除和终止信任、劳动合同制度信任产生影响。影响路径包括：合法性评价通过满意度评价、合法性评价通过声誉评价、合法性评价先通过满意度评价再通过声誉评价、合理性评价通过满意度评价、合理性评价通过声誉评价、合理性评价先通过满意度评价再通过声誉评价，六条路径。

第二，主体四个维度的"制度体验"对劳动合同履行信任、劳动合同解除和终止信任、劳动合同制度信任产生影响的六条路径中，合法性评价通过满意度评价路径的间接影响最大；其他依次是合理性评价通过满意度评价路径、合法性评价通过声誉评价路径、合理性评价通过声誉评价路径；合法性评价、合理性评价分别通过满意度评价、声誉评价递推关系的间接影响均最小。

第三，员工对企业行为的合法性、合理性评价，通过对企业执行结果或效果的满意度评价、整体声誉评价予以劳动合同履行信任、劳动合同解除和终止信任、劳动合同制度信任均产生影响，其中满意度评价对合法性、合理性评价影响劳动合同制度信任的中介效应大于声誉评价。员工对企业行为的合法性、合理性评价，主要通过对企业执行制度达到的结果或效果的反思即满意度评价路径，间接影响劳动合同履行信任、劳动合同解除和终止信任和劳动合同制度信任。

第七章　主要结论与研究启示

　　转型时期市场经济快速发展，人们的交往半径不断扩大，传统的基于关系、情感的信任无法适用于匿名性强、风险度高、时空被高度压缩的现代社会。信任由人与人之间的人际信任，走向人与制度之间的制度信任，基于制度的信任成为契合当代市场经济潮流并顺应社会发展的主流信任模式。① 目前中国社会转型时期制度发生巨大演化和变迁，制度体系不断完善的同时，制度实施、执行中也存在制度失灵、异化、矛盾、冲突等问题。制度信任维持机制存在的一系列问题使基于国家组织，以正式法律、规章、契约为保障的制度信任无法完全确立。对此，本书以制度信任为研究主题，关注和考察一项与劳动者息息相关的制度——劳动合同制度的信任问题。通过实证调查数据，探究劳动合同制度信任的状况与特征；从主体的"制度体验"角度，分析主体的"制度体验"对劳动合同制度信任的影响作用，研究主体的"制度体验"与制度信任之间的关系；并在此基础上分析、讨论制度信任所影射出的客观现实问题，主体的"制度体验"对制度信任的具体影响作用及普遍规律，社会生活中的"社会体验"影响信任的普遍意义，得到以下主要结论和进一步的研究启示。

---

　　① 周怡. 信任模式与市场经济秩序——制度主义的解释路径 [J]. 社会科学，2013（6）.

第一节　研究的主要结论

一、劳动合同制度信任的基本状况及差异

(一) 企业员工对劳动合同制度具有比较高的信任度，但对劳动合同制度不同具体方面的信任有差异

通过考察企业员工对劳动合同制度信任的状况发现，企业员工对劳动合同制度中的劳动合同履行、劳动合同解除和终止两个方面都具有比较高的信任度，因而对劳动合同制度整体的信任度也比较高。比较而言，员工对劳动合同履行方面的信任度高于对劳动合同解除和终止方面的信任度，即员工对企业履行支付劳动报酬、安排劳动时间、购买"五险一金"等方面责任、义务的信任度，高于对企业履行解除劳动合同、终止劳动关系，解决和处理劳动合同争议、纠纷等方面责任、义务的信任度。

(二) 企业员工的"制度体验"不同，对劳动合同制度的信任有差异

比较分析企业员工的"制度体验"与劳动合同制度信任的关系可以发现，员工的"制度体验"不同，对劳动合同制度的信任有差异。对企业声誉、执行劳动合同制度行为的合法性、行为的合理性、执行结果或效果的满意度评价比较高的员工，对劳动合同履行、劳动合同解除和终止、劳动合同制度的信任度也比较高；而对企业声誉、行为的合法性、行为的合理性、执行结果或效果的满意度评价比较低的员工，对劳动合同履行、劳动合同解除和终止、劳动合同制度的信任度也比较低。

(三) 企业员工的特征差异，使其对劳动合同制度的信任也有差异

比较分析不同特征企业员工的劳动合同制度信任状况发现：从业特征

方面，高岗位级别较之低岗位级别员工，对劳动合同履行、劳动合同解除和终止、劳动合同制度的信任度更高；大规模企业较之小规模企业的员工，对劳动合同履行、劳动合同解除和终止、劳动合同制度的信任度更高。体制身份方面，城镇户籍身份较之农业户籍身份员工，对劳动合同履行、劳动合同解除和终止、劳动合同制度的信任度更高；公有制身份较之私有制身份员工，对劳动合同履行、劳动合同解除和终止、劳动合同制度的信任度更高。人力资本方面，受教育年限越长的员工，对劳动合同履行、劳动合同解除和终止、劳动合同制度的信任度越高；在企业工作时间越长的员工，对劳动合同履行、劳动合同解除和终止、劳动合同制度的信任度越高。

二、主体的"制度体验"对劳动合同制度信任的影响作用

（一）主体的"制度体验"较之主体特征对劳动合同制度信任具有更强的直接影响作用，"制度体验"是劳动合同制度信任的重要影响因素

分析主体四个维度的"制度体验"对劳动合同制度信任的直接影响作用发现：①员工对企业执行劳动合同制度结果或效果的满意度评价具有显著影响，员工的满意度评价越高，对劳动合同履行、劳动合同解除和终止、劳动合同制度的信任度越高。②员工对企业行执行劳动合同制度行为的合法性评价具有显著影响，员工的合法性评价越高，对劳动合同履行、劳动合同解除和终止、劳动合同制度的信任度越高。③员工对企业执行劳动合同制度行为的合理性评价具有显著影响，员工的合理性评价越高，对劳动合同履行、劳动合同解除和终止、劳动合同制度的信任度越高。④员工对企业声誉评价具有显著的影响，员工的声誉评价越高，对劳动合同解除和终止、劳动合同制度的信任度越高；员工的声誉评价对劳动合同履行信任的影响不显著。比较主体四个维度的"制度体验"的影响作用，员工对企业执行劳动合同制度结果或效果的满意度评价予以劳动合同履行信

任、劳动合同解除和终止信任、劳动合同制度信任的影响作用最强；其他依次是企业执行劳动合同制度行为的合法性评价、合理性评价；员工对企业声誉评价的影响作用最小。

由此进一步发现，在日常生活中，主体对制度执行的过程、结果或效果的感知、评价是直接的，对制度执行者的声誉评价是宏观、整体、间接的。主体对制度执行过程、结果或效果的评价，较之他们对制度执行者声誉的评价更重要。制度执行者执行制度的结果或效果较之于执行制度的行为过程而言，信任主体理性计算、恒量、评估制度是否可信，是更为直接、重要的依据，是制度信任产生、形成的更为直接、重要的因素，主体更重视制度执行结果、效果的满意情况。对此，主体对一项制度的信任状况，更主要受到制度执行结果或效果的满意度的影响。那么，在任何制度的实施过程中，要建立人们对制度的信任，制度的制定者、执行者都应当特别重视制度涉及的相关主体对制度和制度执行的满意度评价。

分析主体特征对劳动合同制度信任的影响作用发现：①从业特征中，大规模和较大规模企业的员工较之小规模企业的员工，对劳动合同履行、劳动合同制度具有更高的信任度，而且企业规模越大信任度越高；低层管理者较之工人、营业员、服务员等雇员对劳动合同履行的信任度更高。②体制身份特征中，公有制身份员工较之私有制身份员工，对劳动合同履行、劳动合同解除和终止、劳动合同制度的信任度更高。③人力资本特征中，员工的受教育年限越长，知识人力资本越丰富，对劳动合同履行、劳动合同制度的信任度越高；员工的工作年限越长，经验人力资本越丰富，对劳动合同履行、劳动合同解除和终止、劳动合同制度的信任度越高。④主体特征中，企业规模、岗位类型、受教育水平对劳动合同解除和终止信任没有显著影响；户籍身份对劳动合同履行信任、劳动合同解除和终止信任、劳动合同制度信任均没有显著影响。

进一步比较主体的"制度体验"与主体特征对劳动合同制度信任的影响作用大小，主体的"制度体验"分别可以解释对劳动合同履行信任、劳动合同解除和终止信任、劳动合同制度信任差异的29%、28.3%、29.5%；

主体特征分别可以解释差异的 12.4%、8.2%、15.6%。那么显然，主体的"制度体验"对劳动合同履行信任、劳动合同解除和终止信任、劳动合同制度信任的直接影响作用更大、解释力更强。

（二）主体特征通过主体的"制度体验"间接影响劳动合同制度信任，"制度体验"对主体特征影响劳动合同制度信任具有中介作用

主体特征对劳动合同履行信任、劳动合同解除和终止信任、劳动合同制度信任，不仅具有直接影响，还通过主体的"制度体验"产生间接影响。①员工的岗位类型、所有制身份、受教育水平、工作年限都能够通过对企业的声誉评价，间接影响劳动合同履行信任、劳动合同解除和终止信任、劳动合同制度信任。②员工的岗位类型、所有制身份、受教育水平、工作年限都可以通过对企业行为的合法性评价，间接影响劳动合同履行信任、劳动合同解除和终止信任、劳动合同制度信任。③员工的岗位类型、受教育水平都能够通过对企业行为的合理性评价，间接影响劳动合同履行信任、劳动合同解除和终止信任、劳动合同制度信任。④员工的岗位类型、所有制身份、受教育水平都通过对企业执行结果或效果的满意度评价，间接影响劳动合同履行信任、劳动合同解除和终止信任、劳动合同制度信任。

同时研究还发现：①岗位类型完全通过对企业行为的合理性评价、执行结果或效果的满意度评价，间接影响劳动合同履行信任、劳动合同解除和终止信任、劳动合同制度信任。②工作年限通过对企业声誉评价、行为合法性评价，改变了其对劳动合同履行信任、劳动合同解除和终止信任、劳动合同制度信任的影响方向。③所有制身份通过对企业声誉评价、行为合法性评价、执行结果或效果的满意度评价，对劳动合同履行信任、劳动合同解除和终止信任、劳动合同制度信任均具有间接影响。

主体的"制度体验"对主体特征影响制度信任的中介作用，进一步说明了制度信任与人们对社会生活实践的认知、体验、评价密切相关，基于

社会生活实践形成的主体认知、体验、评价对制度信任的影响更直接。主体基于制度执行者的声誉情况、执行制度的过程、结果或效果而形成的主观评价，是制度信任更直接的影响因素。对此，日常生活中，人们对一项制度的信任更直接受到"制度体验"的影响，考察和分析人们对一项制度信任的影响因素时，主体的"制度体验"是不可忽视的重要因素。那么，制度的制定者和执行者必须认识和理解：人们对任何一项制度的信任，都是直接来源于人们对制度内容、制度执行的认可性、肯定性、满意性的体验。建立社会的制度信任，制度执行者必须积极、严格执行制度。

（三）主体四个维度的"制度体验"具有逻辑关联性，"制度体验"通过综合、复杂路径关系影响劳动合同制度信任

主体四个维度的"制度体验"（声誉评价、合法性评价、合理性评价、满意度评价）之间，通过六条路径影响劳动合同履行信任、劳动合同解除和终止信任、劳动合同制度信任。具体是：合法性评价通过满意度评价路径；合法性评价通过声誉评价路径；合法性评价先通过满意度评价路径，再通过声誉评价路径；合理性评价通过满意度评价路径；合理性评价通过声誉评价路径；合理性评价先通过满意度评价路径，再通过声誉评价路径。六条路径都对劳动合同履行信任、劳动合同解除和终止信任、劳动合同制度信任的影响显著。

比较主体四个维度的"制度体验"六条影响路径作用的大小，其影响作用由大到小依次是：合法性评价通过满意度评价路径，合理性评价通过满意度评价路径，合法性评价通过声誉评价路径，合理性评价通过声誉评价路径；合法性评价、合理性评价先通过满意度评价路径、再通过声誉评价路径的影响作用最小。

主体的"制度体验"中的满意度评价、声誉评价，在合法性评价、合理性评价与劳动合同履行信任、劳动合同解除和终止信任、劳动合同制度信任之间具有中介效应。其中满意度评价的中介效应大于声誉评价。那么，合法性、合理性评价对劳动合同履行信任、劳动合同解除和终止信

任、劳动合同制度信任的影响，主要通过对企业实施、执行劳动合同制度结果或效果情况的评价而产生影响作用。

由此进一步发现，人们对制度执行结果或效果的满意度评价，是"制度体验"的综合性、直接表现，主体对一项制度的信任状况，更直接取决于对制度执行结果或效果的满意度。在日常生活中，人们对各种人、各种事物的反应，其最为直接、最为通俗又最为普遍的反应是满意度评价，满意度评价包括了人们丰富的、复杂的感受和体验。满意度评价的状况，直接影响甚至决定人们对他人、对事物、对事件的态度和行为倾向。在研究中发现，人们对劳动合同制度执行的满意度评价也是如此。学界在诸多方面的研究中也都关注和极为重视人们诸方面的满意度评价，例如对组织、政府工作、职业、收入、社区服务、商业或公共服务的满意度评价等。

第二节　研　究　启　示

一、制度信任所影射的客观现实：制度的实施与执行问题

信任是信任主体对他人、组织、制度等信任客体未来会不负所托的一种积极预期和坚定不移的信念。这种不负所托的预期、信念不是自然而然萌芽、产生的，信任态度、信任行为的形成和发生可能来源于信任对象的能力和品质、关系和情感、收益与损失的计算、过去的经历或信任文化。信任主体基于一定的诱因而产生的预期和信念，形成的信任态度，一定程度上体现、反映着信任基础、条件的客观现状。通过信任的状态、结果或信任程度高低反思信任的基础、条件和原因，能够反观到信任背后所反映、体现的更深层的社会现实问题。因此，一项制度是否被信任、信任程度的高低，体现了信任主体对信任制度行为能否得到有效保障的一种判断，制度信任的背后影射出的是制度实施、执行的状况、水平以及可能存在的问题。

劳动合同制度是通过劳动合同明确劳动者与用人单位之间的权利和义

务，保护双方合法权益的一套规则、规范体系。中国的劳动合同制度在
1995 年颁布施行《劳动法》后开始全面推行，目前劳动合同制度已经在各
类企业中普遍实施。我国劳动合同制度重点保护劳动者的合法权益，强调
用人单位的义务，倾向于对劳动者的"单保护"。以营利为主要目的的用
人单位是实施、执行劳动合同制度的主体，在劳动合同制度"单保护"的
规则、规范约束下，用人单位是否遵守劳动合同制度与劳动者签订劳动合
同？签订劳动合同后能否按照劳动合同制度规定执行劳动合同？通过对劳
动合同制度信任的考察发现，员工对劳动合同制度的信任度比较高，员工
的劳动合同制度信任的均值为 66.77（最小值为 22，最大值为 99）。反思
员工的劳动合同制度信任状况，员工对劳动合同制度的高信任度，一定程
度上反映和体现出劳动合同制度的实施、执行符合制度目标，员工的劳动
权益得到了有效的保障。

　　进一步对劳动合同制度中劳动合同履行方面、劳动合同解除和终止方
面的信任进行比较分析，员工对劳动合同履行方面的信任度（均值为
36.39）高于对劳动合同解除和终止的信任度（均值为 33.38）。劳动合同
履行与劳动合同解除和终止方面的信任差异，一方面说明了员工对劳动合
同履行方面能够不负所托的预期、信念高于劳动合同解除和终止；另一方
面体现出劳动合同制度不同方面实施、执行的现实差异性。劳动合同履行
中的劳动报酬支付、劳动时间安排、"五险一金"购买等内容，一般在劳
动合同协议中均有明确条款加以规定和说明，而且这些内容对所有劳动者
都有普遍的针对性、实际的适用性。用人单位违反、不执行劳动合同履行
方面的规则面临的制度性、合法性的压力较大，不执行合同的成本高，因
而劳动者的用人单位一般会遵守和执行劳动合同履行方面的规则。劳动合
同解除和终止方面的内容，一般在劳动合同协议中很难进行具体、详细的
规定和说明，同时这些内容客观上对所有劳动者并不是都有普遍的针对性
和实际的适用性，只是在一些特殊情况下，如劳动者个人因工负伤、患职
业病、在医疗期、女性员工孕期、哺乳期时，这些内容才具有针对性和实
际的适用性。因而用人单位违反、不执行这些方面的规则面临的制度性、

合法性压力相对较小，违反合同的成本较低，用人单位更可能不遵守、不执行劳动合同解除和终止方面的规则。由于上述这些情况对于劳资双方而言是"心知肚明"的，员工对企业履行解除劳动合同、终止劳动关系，解决和处理劳动合同争议、纠纷等方面责任、义务的信任度，自然相对低一些。

在研究中同时分析主体特征不同员工对劳动合同制度信任的差异，发现在不同企业规模工作的员工、不同所有制身份员工、人力资本多寡的员工，其劳动合同制度信任存在显著差异。面对同一劳动合同制度，不同主体特征员工的信任感大小、信任度差异，同时也影射出针对不同特征员工劳动合同制度实施、执行的客观差异性。

分析企业规模与劳动合同制度信任的关系发现，员工所在企业的规模大小与劳动合同制度信任呈正相关关系，所在的企业规模越大，劳动合同制度信任度越高。不同规模企业员工劳动合同制度信任的差异，一定程度上反映和体现了不同规模企业在实施、执行劳动合同中存在的客观差异。现实中，大规模企业制度化管理需求比较高，政府对其严格监督、审查带来的制度合法性压力，会促使大规模企业"高度响应"劳动合同制度，按照制度规则、规范实施、执行劳动合同制度。小规模企业的制度合法性压力小，远离政府监督范围，加之管理规范性差、利益诉求高等原因，无法使企业严格遵守劳动合同制度。因而，不同规模企业员工的劳动合同制度信任，在主观层面上反映了劳动合同制度在不同规模企业中实施、执行的客观现实：员工所在企业规模越大，劳动权益越能够得到充分的保障。

考察所有制身份与劳动合同制度信任的关系发现，劳动合同制度信任存在显著的所有制身份差异，公有制身份员工对劳动合同制度的信任度高于私有身份员工。不同所有制身份员工的劳动合同制度信任的差异，反映和体现了劳动合同制度实施、执行在体制内和体制外存在的客观差异和不平等。现实中，体制内公有部门沿袭着计划经济时期的"低工资，高福利"传统，员工的待遇和劳动权益能够得到充分保障。民营、私营企业由于产权特性和规模不大，对劳资关系的处理比较简单粗暴，工人的工资福利往往较差，并且缺乏一套规范、明晰和公正的内部管理制度规定以实现员工的工资福利和劳动保障。① 因而，不同所有制身份员工的劳动合同制度信任，主观层面上反映出劳动合同制度在不同所有制身份员工中实施、执行的客观现实：公有制身份作为一种"优势身份"，在公有部门工作的员工能够获得更稳定、健全的劳动保障。

探析人力资本与劳动合同制度信任的关系发现，员工的人力资本与其劳动合同制度信任具有正相关关系，人力资本越丰富，劳动合同制度信任度越高。不同人力资本员工的劳动合同制度信任的差异，反映和体现了劳动合同制度在人力资本多寡的员工中实施、执行的客观性差异。现实中，员工的人力资本越丰富，能够创造的经济效益越多，维权意识越强，企业越可能遵守劳动合同制度。同时，劳动者的人力资本使得他们具有与企业"讨价还价"的条件和能力，企业也需要雇佣人力资本高的员工，那么相比于低人力资本的员工，高人力资本员工的劳动权益更可能得到保障。因此，拥有不同人力资本员工的劳动合同制度信任，主观层面上反映了劳动合同制度在不同人力资本员工中实施、执行的客观现实：市场化因素人力资本对员工的劳动保障获得具有积极影响，员工的人力资本越丰富，劳动生产率越高，个人获得的劳动保障回报越高。

二、制度信任的直接来源："制度体验"

以往学界对信任影响因素的研究中，关注和考察了信任主体的心理特征、社会特征对信任的影响作用，比较分析不同心理、社会特征主体的信任差异。心理学者认为，在决定是否给予他人信任时，信任主体稳定的人格特点是重要的影响因素。社会学者也通常假设"倾向于表现信任依赖于人格的系统结构"，② 如人格中的"基本信任"、③ "固有的社会性"。④ 还

---

① 罗忠勇，尉建文. 挫折经历、人力资本、企业制度与城市工人的社会不公平感——以 10 家企业工人的社会不公平感为例 [J]. 社会，2009（12）.

② Luhmann N. Trust and Power [M]. New York：John Wiley & Sons，1979：5.

③ [英] 安东尼·吉登斯. 现代性的后果 [M]. 田禾，译. 南京：译林出版社，2000：77.

④ [美] 弗朗西斯·福山. 信任——社会美德与创造经济繁荣 [M]. 彭志华，译. 海口：海南出版社，2001：9.

有的研究发现，信任主体的社会特征是信任产生及信任差异的来源之一，受教育程度高者，相比于受教育程度低者更可能给予、产生信任。① 社会地位高者相比于社会地位低者，更可能对信任客体多一份信任。② 公共部门的工作者，相比于私有部门的工作者具有更高的信任水平。③ 来自主体自身或体现在主体身上的特征对信任具有一定影响作用，信任度、信任倾向在不同心理、社会特征的主体之间呈现出"静态"的差异性。

关于制度信任影响因素的研究，学界从制度执行者及其行为、制度执行的结果或效果两个方面进行了探索和考察。学者们强调任何一项制度都由特定主体来实施、执行，一定组织、机构或个人是制度的承载者、实施者、监督者、实践者，他们认识、接受、认可规范的程度、实践制度的能力和状态，直接影响社会制度目标的实现和作用的发挥。④ 人们对一项社会制度能够不负所托的预期和信念，与制度的执行者密切关联，有学者甚至认为，人们对制度的信任本质上是对制度执行者的预期，制度信任是对制度执行者的信任。⑤ 什托姆普卡提出各种对信任客体的信任——个人的、类别的、地位的、群体的、制度的、商业的、系统的都是根据相同的逻辑在运作，最重要的是在所有信任的背后隐隐存在原始形式的信任——对人及其行动的信任。⑥ 信任主体对制度的信任，一定程度上是认为制度执行者客观上有能力履行应尽的责任，基于制度执行者贯彻、实施、执行制度的能力而对一项制度产生信任；信任主体也可能在制度稳定、长期的发挥

① 王毅杰．中国城乡居民政府信任及其影响因素 [J]．南京社会科学，2014 (8)．

② 王绍光，刘欣．信任的基础：一种理性的解释 [J]．社会学研究，2003 (3)．

③ 胡安宁，周怡．一般信任模式的跨部门差异及其中介机制——基于 2010 年中国综合社会调查的研究 [J]．社会，2013 (4)．

④ 雷洪．简明社会学教程 [M]．北京：高等教育出版社，2012：204．

⑤ [波] 彼得·什托姆普卡．信任：一种社会学理论 [M]．程胜利，译．北京：中华书局，2005：61；邹宇春．提升制度信任：确保政府良性运行的重要方向 [J]．中国发展观察，2014 (8)．

⑥ [波] 彼得·什托姆普卡．信任：一种社会学理论 [M]．程胜利，译．北京：中华书局，2005：61．

约束、规范和保护作用的情况下，基于制度执行者履行承诺的品质、声誉决定信任的给予，因为制度执行者的品质、声誉不仅反馈和传递了制度执行者的可信性信息，而且驱动着制度执行者未来的行为方向。因此，制度执行者自身的能力、品质、声誉是制度信任重要的影响因素。作为对未来不确定性的认知、期待和信念，任何信任态度、信任行为都面临着不确定性带来的风险。在可能产生的风险面前，为了增加可信性阈值，人们会寻找信任的依据，对信任客体，特别是信任客体以往、过去的行为表现进行评估、判断，再决定信任的给予。对于一项制度，在面对制度能否按照制度的规则、程序被制度执行者贯彻执行的不确定性和风险时，制度执行者以往实施、执行制度的行为，延续或指导着他们未来的行动，影响甚至决定信任主体对制度未来的预期和信念。因为制度执行者以往的行为不仅反映了制度执行者未来实施、执行制度是否有能力履行其应尽的责任，而且显示出当下制度被制度执行者实施、执行的可能结果和存在的问题，记录着制度的可信性阈值。① 因此，制度执行者的行为也是制度信任的影响因素之一。

以往学界还关注到，制度执行的结果或效果对制度信任的影响作用，强调制度执行者执行制度的结果或效果是信任主体给予信任、采取信任行为的重要依据，即一项制度是否可信，一定程度上表现为制度能够满足信任主体欲求、实现预期的可能性。有学者认为，在不确定的环境中信任与风险交织在一起，信任总是包含着一定的利害盘算在内，与结果的预期相关联，"人们不只是指可以预测制度可能怎么对待我们，而且更是指相信它会善待我们"。② 当信任主体考虑制度是否有利于自己时，往往是依据制度实施的效果。③ 科尔曼强调，信任主体给予信任的来源是信任客体的实

① Davis M R, Schoorman F D. An Integrative Model of Organizational Trust [J]. Academy of Management Review, 1995, 20 (3).

② 徐贲. 承诺、信任和制度秩序 [J]. 学术论衡, 2005 (2).

③ 房莉杰. 制度信任的形成过程——以新型农村合作医疗制度为例 [J]. 社会学研究, 2009 (2).

际表现，对制度未来实施结果的预期需要足够、充分的客观依据来进行理性计算和估计。① 因此，在不确定、不完全信息情况下，人们无法准确判断制度未来的实施、执行效果如何，自己的利益能否被考虑、顾及时，制度执行者以往、过去执行制度的结果或效果也是信任主体对制度进行理性计算、恒量、评估，决定是否信任的重要因素。

在研究中对劳动合同制度信任的影响因素的分析发现，主体的一些特征因素（企业规模、岗位类型、所有制身份、受教育年限、工作年限等）对劳动合同制度信任具有显著影响；主体的"制度体验"（声誉评价、行为的合法性、合理性评价、执行结果或效果的满意度评价）对劳动合同制度信任也具有显著的影响作用；而且主体的"制度体验"对劳动合同制度信任的影响具有正向效应，即员工对企业声誉、行为的合法性、行为的合理性、执行结果或效果的满意度评价越高，劳动合同制度的信任度越高。

回顾学界关于制度信任影响因素的研究，其研究结论与本书中的发现是吻合的、一致的：信任主体自身的特征和信任主体对制度执行者、以往制度执行行为、结果或效果的感受、认知、评价，是影响制度信任状况、制度信任差异的两个因素。但研究结论有两个新发现：第一，将主体特征因素、主体的"制度体验"因素对劳动合同制度信任的解释力（解释15.6%的差异与解释29.5%的差异）进行比较，主体的"制度体验"对劳动合同制度信任的影响作用更大，解释力更强；第二，主体的"制度体验"在主体特征与劳动合同制度信任之间具有中介效应，即主体特征通过主体的"制度体验"对制度信任产生间接影响。由此，制度信任与主体的"制度体验"相关密切，而且主体的"制度体验"对劳动合同制度信任的影响更直接，是制度信任的更重要的影响因素。

这些发现对我们有两个方面的启示和讨论：

人们对一项制度的信任，与制度执行者的"行为""作为"以及制度

---

① ［美］詹姆斯·S. 科尔曼. 社会理论基础（上册）［M］. 邓方，译. 北京：社会科学文献出版社，2008：116-117.

执行者的信誉有关。而制度执行者实施、执行制度的行为、作为和信誉是一种客观状态，它需要被人们意识、感知到，使人们对制度执行者实施、执行制度的行为、效果以及制度执行者的信誉产生心理上的认知、体验和评价，才能对制度信任产生影响。更准确说，制度信任与人们对制度执行者及其实施、执行制度行为、效果的认知、体验、评价具有更直接的关联，或者说对制度执行者实施、执行制度行为、作为及其信誉的主观认知、体验、评价是制度信任更直接的影响因素。通过对劳动合同制度信任的影响因素进行考察和分析，从员工特征因素和员工"制度体验"两个方面探索制度信任的影响因素，发现员工的从业特征、体制身份、人力资本等客观特征因素和员工"制度体验"因素对劳动合同制度信任具有影响作用；而且客观特征因素对劳动合同制度信任的影响通过主体的"制度体验"产生间接作用，主体的"制度体验"在员工特征因素与劳动合同制度信任之间具有中介效应。由此，对于制度信任，制度执行者的"行为""作为"、信誉是制度信任产生、形成的基础、条件，但基于制度执行者的"行为""作为"、信誉产生的主体评价——"制度体验"，对制度信任的影响是重要的，因此，对制度信任状况的考察，不能不考察信任主体的"制度体验"及其差异。

以往研究认为制度执行者及其行为、制度执行的结果或效果对制度信任有影响作用，但在理论性的研究中，这类研究并未在信任主体的制度信任状况与制度执行者及其行为、制度执行结果或效果等的客观状况之间建立逻辑的联系。在经验性的研究中，这类研究中的制度执行者及其行为、制度执行结果或效果等状况是以信任主体的"反应"来显现的,[①] 即调查、分析的指标都是信任主体对制度执行者及其行为、制度执行结果或效

---

① 房莉杰. 制度信任的形成过程——以新型农村合作医疗制度为例［J］. 社会学研究，2009（2）；胡安宁，周怡. 一般信任模式的跨部门差异及其中介机制——基于2010年中国综合社会调查的研究［J］. 社会，2013（4）；谢蕙如，白金安. 制度信任、知觉风险、满意度及行为意图关系之研究——以成屋履约保证为例［J］."国立"屏东商业技术学院学报，2011（13）；张笠雲. 制度信任及行为的信任意涵［J］. 台湾社会学刊，2000（23）.

果等状况的感受、评价（是与否、好与坏、公平与不公平、满意与不满意等）。那么，其分析和得到的结论，实际上并不是信任主体的制度信任状况与制度执行者及其行为、制度执行结果或效果等客观状况之间的关系，而是信任主体的制度信任状况与对制度执行者及其行为、制度执行结果或效果等客观状况的感受、认知、评价之间的关系，是制度信任与主观反应状况之间的关系。由此可见，实际上这些研究所考察的信任主体的制度信任的影响因素，是信任主体对制度执行者及其行为、制度执行结果或效果等客观状况的主观反应，而这种主观反应，无疑就是信任主体的"制度体验"的表现。因此，以往的经验研究所得出的结论并非是制度执行者及其行为、制度执行结果或效果等对制度信任有影响，实际上的结论是信任主体的"制度体验"对制度信任有影响。那么，这与本书的研究结论就是一致的了。

依研究结论新的发现和综上所述，可以认为：经验研究中实际考察（特别是在定量分析研究中）的是信任主体的"制度体验"对制度信任的影响。本书和以往的经验研究都证明信任主体的"制度体验"对制度信任有直接影响，主体的"制度体验"是其制度信任的直接来源。考察、研究制度信任的影响因素，主体的"制度体验"显示出准确、合理的解释力。

三、制度信任的关键："制度体验"中的"制度化体验"

以往学界对制度信任的研究，认为制度执行者及其执行行为、执行结果或效果是影响制度信任的重要因素。其研究结论与本书发现是吻合的。以往的这类研究中实际包括两个方面因素：一是制度执行者本身；二是制度执行者执行制度的行为或效果。这两个方面因素究竟哪个方面的影响更大、更重要？已有的研究未对此进行比较和分析。

本书比较分析主体四个维度的"制度体验"对制度信任的影响作用，研究中新的发现是：比较而言，主体对制度执行者执行结果或效果的评价（满意度评价）在影响制度信任方面的作用最大；其次为主体对制度执行者行为的评价（合法性、合理性评价）；主体对制度执行者本身的品质、信誉评价（声誉评价）在影响制度信任方面的作用最小。对于制度执行者本身与执行制度的行为或效果两方面因素，执行制度的行为或效果方面大于制度执行者本身方面对制度信任的影响作用，即制度执行者执行制度的行为和结果或效果方面，是对制度信任更有影响的因素。

这个新发现对我们有如下的启示和讨论：

在现代社会中，对于大部分已经颁布的制度，其面临的最重要问题是制度的执行主体是否及如何实施、执行制度，制度的受约束主体是否认可、接受、遵守制度，换言之是制度的制度化问题。研究中的制度执行者声誉，针对的是制度执行者本身的外部形象和荣誉问题；制度执行者行为合法性、合理性，执行结果或效果的满意情况，都是针对制度执行者执行制度的过程和结果方面，是制度是否被贯彻、落实，人们的行为是否规则化、规范化和模式化、定型化的过程，即制度是否制度化的过程。

制度化是制度研究主题中的一个重要问题，学者们对制度化概念的理解、阐释存在很大的分歧，大致而言有三种研究取向。一是制度的产生、形成过程，是制度从无到有，从不完善、不健全到不断完善、健全的趋向、过程。这种理解、阐释取向，区别于一个社会中没有某方面的制度的状态，其取向在制度从无到有的"过程"。二是制度规范被人们普遍认可、接受、遵守，人们的行为模式化、定型化的趋向、过程。这种理解、阐释取向区别于一个社会中有制度，但制度不被执行或不被实施的状态，其取向在一定制度环境下的"行为"。三是制度被普遍内化了、被遵守了所呈现出来的结果、状态。这种理解、阐释取向区别于一个社会有制度，但是其结果是人们的行为结果是不符合制度目标、规则的状态，其取向在一定制度环境下的"结果"。学者们对制度化概念的三种理解、阐释取向的分歧、差异，在于其关注的制度化对象或角度不同。本书中关注和考察的是制度被贯彻、实施、执行，主体行为的模式化、定型化过程，也包括制度被遵守、内化的结果、状态，因此本书中所述的制度化，包括第二、三种制度化取向的含义。

通过分析发现，主体四个维度的"制度体验"对制度信任的影响作用的大小不一样，对执行制度结果或效果的满意度评价和执行制度行为合法性、合理性的评价的影响作用，都大于对制度执行者本身声誉评价的影响作用；而执行制度结果或效果的满意度评价的影响作用，又大于执行制度行为合法性、合理性的评价的影响作用。其原因可能在于：第一，制度执行者即企业、企业领导人的能力、品质、声誉等，都有被宣传、被刻画、被包装的可能性，那么也都有被形象化、被"抬高"或"贬低"的可能性，员工对制度执行者即企业、企业领导人本身的感受、认知、评价，可能会受到被宣传、被刻画、被包装的影响，他们的这些感受、认知、评价，可能是直接的，也可能是间接的。而员工对企业执行制度行为及其结果或效果的感受、认知、评价，基本上是直接的。因此，员工对企业执行制度行为及其结果或效果的"制度化体验"，较之他们对企业、企业领导人能力、品质、声誉等的"制度体验"更重要。第二，在不确定性环境中，人们的信任感与风险感总是交织在一起，信任感与风险感都包含着一定的利害盘算、理性计算、衡量，都与对结果的预期相关联。对一项制度的信任，一定程度上是主体经过一定的利害盘算、理性计算、衡量之后，对制度多大程度上实现其功能、发挥其作用的一种预期和信念。那么，制度执行者执行制度的结果或效果较之于执行制度的行为过程而言，是信任主体理性计算、衡量、评估制度是否可信的更为直接、重要的依据，是制度信任产生、形成的更为直接、重要的因素。因此，企业制度化的结果或效果状态，较之企业制度化的过程状态，对主体制度信任的影响作用更大，简言之，"行为结果或效果"比"行为过程"的影响作用更大。由此，员工对企业执行制度结果或效果的"制度化体验"，较之对企业执行制度行为的"制度化体验"，对其制度信任的影响作用更大。

对此，肯定主体的"制度体验"对其制度信任的影响，更要肯定主体的"制度体验"中的"制度化体验"，特别是执行制度结果或效果的"制度化体验"，是影响制度信任的关键因素。

四、制度信任被影响的复杂性：综合性的"制度体验"

信任是一个相当复杂的心理与社会现象，信任感、信任态度可能受到来自社会生活实践中某一主导性的认知、体验、评价影响，也来源于社会生活实践中多个方面、层面的认知、体验、评价共同影响。以往研究认为制度执行者及其执行行为、执行结果或效果，是影响制度信任的重要因素。但是，以往研究都没有考察和分析制度信任的这些影响因素之间是否存在关联、关系，也没有考察和分析影响因素之间可能的关联、关系对制度信任产生怎样影响。

本书首先分析主体四个维度的"制度体验"对制度信任的影响作用，再进一步分析主体四个维度的"制度体验"之间的关联性对制度信任的影响路径，得到的发现是：四个维度"制度体验"通过六条路径关系影响劳动合同制度信任，即"制度体验"对劳动合同制度信任的影响，是一种具有多重影响关系的影响。

这个发现对我们有如下的启示和讨论：

从某种意义上说，主体的"制度体验"是一个复杂、综合的有机体，包含多个方面、层面的感受、认知、评价的内容，不同方面、层面的感受、认知、评价之间具有关系、关联，即主体某方面、层面的感受、认知、评价，会影响其他方面的感受、认知、评价。那么，主体的"制度体验"是多个方面、层面的感受、认知、评价的内容，多个方面、层面的感受、认知、评价的内容之间又相互影响，"制度体验"呈现出综合性的特征。

我们注意和考虑到，数据分析证明主体的"制度体验"影响制度信任，但人们一定时期形成的或具有的某种制度信任，在更长的社会生活中也可能成为人们另一些"制度体验"的一部分，即"果转化为因"。人们在一定时期形成的或具有的某种制度信任，也可能影响人们另一些方面的"制度体验"，即"果转变成因"。因此，准确分析"制度体验"与"制度信任"之间的关系，需要通过一个清晰的关系路径，揭示或解释两者之间的因果关联。如前所述，研究发现由于主体四个维度的"制度体验"之间具有关联性，因此主体四个维度的"制度体验"对制度信任产生的影响具有多种路径：既有执行制度行为评价通过执行制度结果或效果评价的路径；也有执行制度行为评价通过制度执行者声誉评价的路径；还有执行制度行为评价通过执行制度结果或效果评价、制度执行者声誉评价的递推关系路径。综合性的"制度体验"影响制度信任的路径关系，这不仅将"制度体验"各个方面、层面的感受、认知、评价之间的关系、关联呈现出来，而且揭示了"制度体验"影响制度信任的作用过程，建立起"制度体验"与"制度信任"之间具体的、确定的因果关联。

依据新的发现和以上讨论，可以认为：主体4个维度的"制度体验"对制度信任所产生的影响有多种类型，既有对制度信任的直接、独立的影响，也有对制度信任的间接影响、综合影响。主体的"制度体验"对其制度信任的影响是复杂的、综合性的，"制度体验"作为制度信任的影响因素而言，这个影响因素是具有复杂性、综合性特征的影响因素。

五、信任的影响因素："社会体验"

依据研究中新的发现和以上讨论，我们尚需讨论"制度体验"对制度信任影响是否具有普遍意义，乃至社会生活中的"体验"对其他信任的影响是否具有普遍意义。首先需要厘清的是，本书所研究的"制度体验"区别于"制度经验"。"制度经验"与"制度教训"相对应，其大多见为官方语言，"制度经验"一般是指官方对一项制度实施、执行的方法、过程、结果、效果等方面的总结、归纳，即对制度实践所获的成绩、成功等正向或积极性方面的总结、归纳。而"制度教训"则是对制度实践所获的失效、失败、不成功等负向或消极性方面的总结、归纳。"制度经验"（包括"制度教训"）与本书中的"制度体验"，其相同之处在于，二者都是人们对一定制度环境、制度执行乃至所有制度实践所产生的社会反应。其不相同的地方在于，"制度经验"是指官方即一定组织、机构的，并经过加工的即总结、归纳、提炼的，某种意义上间接的社会反应。本书中的"制度体验"是指个体的，并没有经过加工的即总结、归纳、提炼的，直接的社会反应。

学界对信任的影响因素方面的研究，既关注了个人心理层面某种心理特质或心理冲动对信任影响；又分析了人际交往中的信任对象的能力、品质、社会角色，信任主体与信任客体之间的关系、情感、收益与损失、过去经历中的感受、认知、经验对信任的影响；也关注了组织、社会系统中信任的影响因素。通过对信任影响因素相关文献的梳理，我们发现这些影响因素实质上都涉及或包含了"社会体验"的内容，甚至本质上是"社会体验"的表现、反映、结果。在心理层面的研究，主体对信任客体未来能够不负所托的预期和信念，受到信任主体个人的心理特质的影响，但信任的心理特质的产生、形成与信任主体相关的生活经历、经验密切相关，特别是幼年心理发育阶段中形成的"社会体验"。① 在人际交往互动层面的研究，信任客体的能力、品质、社会角色即信任客体的可信性表现是信任产生、形成的因素之一，而主体对信任客体的可信性判断，本质上是"社会体验"的表现、反映、结果。主体对客体是否有能力、是否讲诚信的品质、是否会按照角色要求扮演角色的可信性判断、评估，往往是依据过去自己相关经历中，对信任客体的品质、能力、社会角色的直接感受、认知、评价，或他人间接的感受、认知、评价，即"社会体验"。人际交往中，主体通过与信任客体的关系、情感而决定信任的给予，但主体对关系的远近、情感亲疏的判断，也来源于主体与客体过去交往经历中的"社会体验"。主体对熟人的信任高于对陌生人的信任，是因为有人际方面的"社会体验"，对情感密切的人更信任，也是因为有更多人际方面的"社会体验"。理性交换中，信任主体会通过对客体未来能否带来收益或不给自己造成损失而进行评估、计算，再决定信任的给予。这种理性计算的过程，实质上也是"社会体验"的表现、反映和结果，信任主体往往依据的是与客体过去交往经历中获得的利益和遭受的损失的感受、认知、评价即"社会体验"来决定是否信任。在组织层面的研究，也包含了"社会体验"的内容，个人对组织决策、组织规章制度执行情况的感受、认知、评价；组织对过去与其他组织的合作经历的感受、认知、评价都会影响对组织的

---

① 王绍光，刘欣. 信任的基础：一种理性的解释 [J]. 社会学研究，2003（3）.

信任。在社会系统层面的研究，主体对制度、权力、货币的信任，与社会系统的运转、实施机制密切相关，但实质上来源于主体对了解或经历的社会系统运转、实施的感受、认知、评价，即"社会体验"。

任何主体置于社会环境、社会生活，就会对经历的社会环境、社会生活形成一定的感受、认知、评价，即对了解和经历的社会环境、社会生活形成一定的"社会体验"。任何主体对了解和经历的社会环境、社会生活所形成的"社会体验"，影响其对未来环境、生活的判断，影响其对未知对象、未知事物的判断，这是普遍的规律。信任是在社会生活中，信任主体（个人、组织、公众）对信任客体（个人、组织、社会系统）未来能够履行所被托付之责任、义务的积极预期和确定不移的信念。这种对未来的预期和信念，总是以过去社会经历中的感受、认知、经验为判断和参考依据，因为主体对所了解和经历的社会环境、社会生活所形成的"社会体验"能够使复杂性得到简化，降低不确定性和风险，因而"社会体验"对信任的影响是普遍的。本书中的"制度体验"是社会体验的一种，以制度为对象，"制度体验"对制度信任的影响是普遍的。

由此可以认为，信任的产生、形成和改变，有来源于不同方面因素的影响作用，但任何信任主体的人际信任、理性信任、组织信任、制度信任等各种信任，"社会体验"都是重要影响因素，主体在社会环境、社会生活中所形成的特有"社会体验"，对信任的影响是普遍性的。考察信任、影响信任的因素，不能忽略人们的"社会体验"；作为考察、分析、解释信任的产生、形成、改变的视角或因素，"社会体验"具有重要的意义。

六、制度信任的建构：思路与方向

制度信任包含两层含义，一是社会系统层面的制度信任，制度是信任的基础，制度信任是对制度性社会秩序、社会环境的普遍信任；二是将制度作为信任的对象，制度信任是对一项社会制度本身的信任。社会系统层面的制度信任是在正式的规章、制度、法律的普遍约束力的保障下，人们相信他人也会像自己一样遵守制度，他人的行为变得可预见，人们从而感到环境、社会的安全性，使得陌生人之间能够建立广泛的信任。① 社会系统层面的制度信任是适应现代社会交往非常重要的一种信任类型。建立起普遍性的制度信任，社会机制得到人们共同的正向期待的前提是社会成员信任每一项具体的社会制度，从而对具体制度产生积极预期，遵守制度规则、规范，服从制度约束。建立在制度基础上的稳定的心理预期以信任制度为前提，尤其是对于自上而下实施的外在制度，以及以实施这些制度为目的的正式组织而言，人们要判断是否信任制度本身。② 因而制度信任的双重意涵中，尽管制度信任的两种理解、阐释取向的角度、内容不同，但是两个种意涵的制度信任不是毫无关联、相互独立的。作为给定的、先在的制度，制度规则、规范的保障使人们敢于信任他人，降低社会交往的复杂性，而相互信任的环境、秩序建立在给定的制度被信任的前提下，只有具体的制度有效运作，取得社会的信任，制度才能发挥出信任的基础作用。依靠整个制度系统而形成的社会信任关系以信任制度为前提，以制度为基础的系统层面的制度信任，建立在对制度信任维持机制即具体制度的信任基础之上。

一项社会制度一般由价值、规范、机构和设施四个要素构成，其中机构是制度代理人即实施社会制度的组织、机构或个人。任何一项制度都由特定主体来实施、执行，一定组织、机构或个人是社会制度的承载者、实施者和监督者，他们认识、接受、认可规范的程度、实践制度的能力和状态，直接影响社会制度目标的实现和作用的发挥。③ 对一项具体制度的信任研究，学界从制度执行者及其行为、制度执行的结果或效果两个方面进行了探索和考察，强调制度执行者自身的能力、品质、信誉，以往、过去实施、执行制度的行为和执行制度的结果或效果是制度信任的重要影响因

① 翟学伟，薛天山. 社会信任：理论及其应用 [M]. 北京：中国人民大学出版社，2014：5.

② 房莉杰. 制度信任的形成过程——以新型农村合作医疗制度为例 [J]. 社会学研究，2009 (2).

③ 雷洪. 简明社会学教程 [M]. 北京：高等教育出版社，2012：204.

素。本书考察信任主体对制度执行者、以往制度执行行为、结果或效果的"制度体验"予以劳动合同制度信任的影响效应，研究发现与以往研究结论是吻合、一致的，即企业员工对制度执行者声誉、执行制度行为、结果或效果主观层面的感受、认知、评价是制度信任的重要影响因素。对此，以制度为对象，对制度本身信任的影响因素，同时也是社会系统层面制度信任的重要基础和条件，建立起对具体制度本身的信任和以制度为基础的社会系统层面的信任，均需要从影响制度信任的因素出发，对制度执行者实施、执行制度的过程和结果，以及制度执行者的信誉等方面进行建构。

（一）规范制度执行者行为，提高制度执行者实施、执行制度的行为合法性和合理性，建立起对制度执行者行为的积极预期

一项制度能否发挥功能，实现制度目标，往往取决于制度是否按照规则、规范、程序被实施、执行，制度执行者实施、执行制度的行为是否符合制度规则、规范和程序的要求。社会生活中充满制度规则、规范，可以说人们的社会生活被制度所"包围"，各个方面的行为均受到制度规则、规范的约束和保护。而现实中，社会制度被制度执行者实施、执行过程中存在诸多问题，如制度执行者不作为，不接受制度规则、规范的约束和惩罚，不实施、执行社会制度；或选择性作为，制度执行者依据是否有利可图或实施、执行是否便捷而有选择地实施、执行；甚至乱作为，制度执行者无视、不服从制度规则、规范的约束，发生越轨甚至犯罪行为。

制度执行者实施、执行制度的行为中，其行为的合法性决定了制度规则、规范被实施、执行的方向和力度；行为的合理性影响制度实施、执行的内容能否达到规则、规范的要求。建立起信任主体对制度的信任，需要在客观上加强制度执行者行为的规范、约束，提高制度执行者实施、执行制度的行为合法性和合理性，建立起他们对社会制度未来实施、执行的积极预期。具体而言，一方面需要进一步明确制度执行者的权力边界，建立权力清单和监督问责机制，加强对制度执行过程的监督和管理，通过强化执行者的外部制度压力，避免出现弄虚作假、"形不符实"等越轨的现象，

更不能出现是否执行制度一个样，甚至违反制度更得利的现象；另一方面需要不断拓宽受约束主体的参与渠道，通过信息公开制度、民主评价制度，引导、规范受约束主体依法有序行使参与权和监督权，提升信息透明度和意见表达多样化，通过民主参与和监督，保障制度执行者实施、执行制度的合法性和合理性。①

（二）保障制度实施、执行的效果，提高人们对制度的满意度，形成对制度普遍的认可、信任倾向

规范、约束制度执行者的行为，最终目的是为了实现制度的目标，制度的实施、执行能够产生预期的效果。尽管对制度执行者的行为给予规范和约束，是达到制度目标的前提，能够使制度实施、执行效果不偏离目标方向，但这仅仅是制度目标实现的充分条件，制度执行者的行为具有合法性和合理性并不代表会产生预期的效果。要实现制度实施、执行的目标，达到制度实施、执行的效果，建立起信任主体对制度的理性信任，需要从制度实施、执行者的具体表现出发，为制度目标的实现创造必要条件。

关于制度执行者实施、执行效果的评估、恒量有两个标准：一是客观标准，通过制度目标的实现程度，制度受约束主体行为的规范化、规则化和程序化程度等客观标准进行测量；二是主观标准，通过制度实施、执行的效果作用在人们身上而产生的满意度评价进行恒量。制度执行者实施、执行的作为、表现，是制度信任产生、形成的重要基础和条件，而制度执行者的客观作为、表现作用于个人主体，他们根据制度实施、执行的状况做出的是否满意的主观评价调节、干扰、影响制度未来实施、执行的预期，对制度信任的影响更直接。建构制度信任，不仅需要在客观上保障制度实施、执行的结果、效果，使制度执行者有所"作为"，而且需要在主观层面上不断提高人们对制度实施、执行结果、效果的主观满意度，对制

---

① 郭苏建，臧晓霞. 历史制度主义视角下经验主义合法性的理论反思——一个"合法性建构"的制度分析框架［J］. 探索与争鸣，2019（5）.

度未来实施、执行结果、效果产生积极预期。具体而言，一是需要对制度执行者履行的责任、义务加以监督，建立和实施奖惩措施，为保障制度执行者实施、执行制度的效果创造必要条件，为制度信任的建立提供可靠的基础；二是及时总结实施制度过程中的经验，特别是在某一制度实施的初期，及时总结制度在实施中会出现一些"中国经验""成功典范"，这些有实践意义的"中国经验""成功典范"可以防止这一制度实施中"搁浅"的可能性，快速、广泛推进制度的有效实施；三是建立对这一制度的评估机制、反馈机制，考察、评估制度可能的显功能和潜功能、积极性功能和消极性功能，特别是重点考察、研究并回应、解决对制度争议、质疑和反对者提出的具体问题，从而保证这一制度发挥最大程度的积极性功能，使这一制度获得公众普遍的认可、满意倾向，促使这一制度的制度化趋势。

（三）不断积累制度执行者可信赖性、可靠性方面的记录和荣誉，提升制度执行者的信誉水平，建立起对制度的整体信心

信誉是一个人诚实、守信的声誉，它像人的影子一样，看不见、摸不着，但反映了一个人的整体品质，最大程度地展示了一个人的可信性，使人们可以根据这个人的信誉水平而直接决定信任的给予。制度信任建立、产生、形成的基础和条件中，制度执行者的信誉是一个相对综合、整体的基础和条件。

信誉的建立是一个长期积累的过程，同时也是一件"易碎品"，一次不诚实的失信行为，可能使建立起的信誉堡垒瞬间倒塌。提升制度执行者整体信誉水平，制度执行者需要不断积累可信赖性、可靠性方面的记录和荣誉，建立起人们对制度的整体信心。具体而言：首先，制度执行者需要认识到并认可和接受提升信誉水平的必要性和重要性，建立起维持、提升信誉水平的思想意识；其次，在实施、执行制度的过程中，不仅要建立起对制度执行者行为、作为的监督机制，还需要建立起信誉的监督和评价机制，通过制度受约束主体对制度执行者及其行为和作为的监督、反馈，对制度实施过程中种种具体执行问题进行及时研究、解决，保障制度执行者

的可信赖性、可靠性信誉的积累；最后，在社会中培养制度执行者讲信誉的环境和土壤，建立起信誉文化的基石，这是建构制度信任信誉基础和条件的更高要求，也是建构制度信任需要不断努力的方向。

参 考 文 献

一、中文专著

［1］［英］安东尼·吉登斯．现代性的后果［M］．田禾，译．南京：译林出版社，2000.

［2］白春阳．现代社会信任问题研究［M］．北京：中国社会出版社，2009.

［3］［波］彼得·什托姆普卡．信任：一种社会学理论［M］．程胜利，译．北京：中华书局，2005.

［4］［美］道格拉斯·C. 诺斯．制度、制度变迁与经济绩效［M］．杭行，译．上海：格致出版社，2014.

［5］［法］埃米尔·迪尔凯姆．社会学方法的准则［M］．狄玉明，译．北京：商务印书馆，1995.

［6］［美］凡勃伦．有闲阶级论［M］．蔡受百，译．北京：商务印书馆，2012.

［7］房莉杰．新型农村合作医疗制度信任的形成过程［M］．北京：社会科学文献出版社，2014.

［8］冯涛．劳动合同法研究［M］．北京：中国检察院出版社，2008.

［9］［美］弗朗西斯·福山．信任——社会美德与创造经济繁荣［M］．彭志华，译．海口：海南出版社，2001.

［10］［美］B. 盖伊·彼得斯．政治科学中的制度理论："新制度主义"［M］．王向民，段红伟，译．上海：上海人民出版社，2011.

［11］郭志刚．社会统计分析方法——SPSS 软件应用［M］．北京：中国人

民大学出版社，2006.

[12] ［德］柯武刚、史漫飞 . 制度经济学 ［M］. 韩朝华，译 . 北京：商务印书馆，2000.

[13] 雷洪 . 简明社会学教程 ［M］. 北京：高等教育出版社，2012.

[14] 李国光 . 劳动合同法理解与适用 ［M］. 北京：人民法院出版社，2007.

[15] 林聚任 . 社会信任和社会资本重建——当前乡村社会关系研究 ［M］. 济南：山东人民出版社，2007.

[16] ［美］罗伯特·普特南 . 使民主运转起来 ［M］. 王列，赖海榕，译 . 南昌：江西人民出版社，2001.

[17] 马俊峰 . 当代中国社会信任问题研究 ［M］. 北京：北京师范大学出版社，2012.

[18] ［英］玛丽·道格拉斯 . 制度如何思考 ［M］. 张晨曲，译 . 北京：经济管理出版社，2013.

[19] 马克思恩格斯选集（第三卷）［M］. 北京：人民出版社，1995.

[20] ［德］马克斯·韦伯 . 经济与社会（上）［M］. 林荣远，译 . 北京：商务印书馆，1997.

[21] ［德］马克斯·韦伯 . 中国的宗教：儒教与道教 ［M］. 康乐，简惠美，译 . 桂林：广西师范大学出版社，2005.

[22] ［德］尼克拉斯·卢曼 . 信任——一个社会复杂性的简化机制 ［M］. 瞿铁鹏，李强，译 . 上海：上海世纪出版集团，2005.

[23] 倪霞 . 论现代社会中的信任 ［M］. 北京：人民出版社，2014.

[24] ［英］帕特丽夏·怀特 . 公民品德与公共教育 ［M］. 朱红文，译 . 北京：教育科学出版社，1998.

[25] 彭泗清 . 关系与信任：中国人际信任的一项本土研究 ［M］//中国社会学年鉴（1995—1998）. 北京：社会科学文献出版社，2010.

[26] 信春鹰，阚珂 . 中华人民共和国劳动合同法释义（第2版）［M］. 北京：法律出版社，2013.

［27］［美］乔纳森·H. 特纳. 社会学理论的结构（第7版）［M］. 邱泽奇，张茂元，译. 北京：华夏出版社，2006.

［28］［美］塞缪尔·P. 亨廷顿. 变革社会中的政治秩序［M］. 李盛平，杨玉生，译. 北京：华夏出版社，1988.

［29］滕炜. 新劳动合同法［M］. 北京：法律出版社，2013.

［30］［美］沃尔特·W. 鲍威尔，保罗·迪马吉奥. 组织分析的新制度主义［M］. 姚伟，译. 上海：上海人民出版社，2008.

［31］吴明隆. 结构方程模型——AMOS 的操作与应用［M］. 重庆：重庆大学出版社，2010.

［32］吴士余. 走出囚徒困境——社会资本与制度分析［M］. 上海：上海三联书店，2003.

［33］肖进成. 劳动合同法的理论、实践与创新［M］. 北京：光明日报出版社，2010.

［34］杨宜音，王俊秀. 当代中国社会心态研究［M］. 北京：社会科学文献出版社，2013.

［35］［美］亚历山大·温特. 国际政治的社会理论［M］. 秦亚青，译. 上海：上海世纪出版集团，2008.

［36］姚琦，马华维. 社会心理学视角下的当代信任研究［M］. 北京：中国法制出版社，2013.

［37］［美］约翰·R. 康芒斯. 制度经济学［M］. 于树生，译. 北京：商务印书馆，1962.

［38］［美］约翰·罗尔斯. 正义论［M］. 何怀宏，何包钢，廖申白，译. 北京：中国社会科学出版社，1988.

［39］喻术红. 劳动合同法学［M］. 武汉：武汉大学出版社，2008.

［40］袁庆明. 新制度经济学教程［M］. 北京：中国发展出版社，2011.

［41］翟学伟，薛天山. 社会信任：理论及其应用［M］. 北京：中国人民大学出版社，2014.

［42］［美］詹姆斯·S. 科尔曼. 社会理论基础（上册）［M］. 邓方，译.

北京：社会科学文献出版社，2008.

［43］张华贵．劳动合同法：理论与案例［M］．北京：清华大学出版社，
　　　北京交通大学出版社，2011.

［44］郑也夫．信任论［M］．北京：中国广播电视出版社，2015.

［45］中华人民共和国劳动合同法典：应用版［M］．北京：法律出版社，
　　　2015.

二、论文

［1］曹燕．劳动合同制度的政策基础与功能冲突［J］．政法论丛，2007
　　（3）．

［2］陈介玄，高承恕．台湾企业运作的社会秩序：人情关系与法律［J］.
　　东海学报，1991（32）．

［3］陈氚．制度概念的歧义与后果［J］．湖南师范大学社会科学学报，
　　2013（2）．

［4］池丽萍．角色信任的代际传递［J］．心理研究，2013（6）．

［5］褚松燕．论制度的有效性——人们何以遵守规则［J］．天津社会科
　　学，2010（4）．

［6］慈勤英，赵彬．论社会建设中的信任机制问题［J］．湖南社会科学，
　　2014（5）．

［7］［美］道格拉斯·C.诺斯．论制度［J］．经济社会体制比较，1991
　　（6）．

［8］丁志刚，泽慧．论国家制度化治理与国家治理现代化［J］．新疆师范
　　大学学报（哲学社会科学版），2021（1）．

［9］范雷．城市化进程中的劳动力市场分割［J］．江苏社会科学，2012
　　（5）．

［10］方芳．明瑟尔人力资本理论［J］．教育与经济，2006（2）．

［11］房莉杰．制度信任的形成过程——以新型农村合作医疗制度为例
　　　［J］．社会学研究，2009（2）．

［12］郭景萍．情感是如何制度化的？［J］．社会科学，2006（4）.

［13］郭苏建，臧晓霞．历史制度主义视角下经验主义合法性的理论反思——一个"合法性建构"的制度分析框架［J］．探索与争鸣，2019（5）.

［14］郝玉明，肖群忠．基于角色的人际信任及治理研究［J］．社会科学战线，2014（10）.

［15］何俊志．结构历史与行为——历史制度主义的分析范式［J］．国外社会科学，2002（5）.

［16］胡安宁，周怡．一般信任模式的跨部门差异及其中介机制——基于2010年中国综合社会调查的研究［J］．社会，2013（4）.

［17］胡荣，李静雅．城市居民信任的构成及影响因素［J］．社会，2006（6）.

［18］胡晓燕．社会转型的制度化阐释及其治理反思［J］．探索，2009（5）.

［19］惠耕田．制度、制度化与国际合作的再解释［J］．国际论坛，2009（4）.

［20］赖德胜．教育、劳动力市场与收入分配［J］．经济研究，1998（5）.

［21］李德国，蒋文婕，蔡晶晶．个体规范与公共行动：制度信任如何促进公众回应性参与？——基于城市水环境诉求的文本数据分析［J］．公共管理学报，2022（4）.

［22］李丁，张耀军，巫锡炜，余丹林．政策执行与市场分割：《劳动合同法》长期影响的异质性研究［J］．开放时代，2021（5）.

［23］李汉林，李路路．单位成员满意度和相对剥夺感——单位组织中依赖结构的主观层面［J］．社会学研究，2000（2）.

［24］李骏．中国城市劳动力市场中的户籍分层［J］．社会学研究，2011（2）.

［25］李强．试析社会分层的十种标准［J］．学海，2006（4）.

［26］李艳春．社会交换与社会信任［J］．东南学术，2014（4）.

[27] 梁添星. 我国劳动合同制度对劳动关系状况影响分析 [J]. 就业与保障, 2020 (19).

[28] 刘林平, 陈小娟. 制度合法性压力与劳动合同签订——对珠三角农民工劳动合同的定量研究 [J]. 中山大学学报, 2010 (1).

[29] 罗忠勇, 尉建文. 挫折经历、人力资本、企业制度与城市工人的社会不公平感——以 10 家企业工人的社会不公平感为例 [J]. 社会, 2009 (2).

[30] 孟凡强, 吴江. 中国劳动力市场中的户籍歧视与劳资关系城乡差异 [J]. 世界经济文汇, 2014 (2).

[31] 聂伟. 农民工劳动权益及其影响因素研究——基于珠三角地区农民工的调查 [J]. 湖南农业大学学报, 2011 (4).

[32] [日] 青木昌彦. 什么是制度？我们如何理解制度？ [J]. 周黎安, 王珊珊, 译. 比较制度分析, 2000 (6).

[33] 王美艳. 城市劳动力市场上的就业机会与工资差异——外来劳动力就业与报酬研究 [J]. 中国社会科学, 2005 (5).

[34] 王绍光, 刘欣. 信任的基础：一种理性的解释 [J]. 社会学研究, 2003 (3).

[35] 王天玉. 劳动法分类调整模式的宪法依据 [J]. 当代法学, 2018 (2).

[36] 王毅杰. 中国城乡居民政府信任及其影响因素 [J]. 南京社会科学, 2014 (8).

[37] 韦森. 从习俗到法律的转化看中国社会的宪制化进程 [J]. 制度经济学研究, 2003 (2).

[38] 谢蕙如, 白金安. 制度信任、知觉风险、满意度及行为意图关系之研究——以成屋履约保证为例 [J]. "国立" 屏东商业技术学院学报, 2011 (13).

[39] 徐贲. 承诺、信任和制度秩序 [J]. 学术论衡, 2005 (2).

[40] 徐尚昆. 信任结构与信任重构论析 [J]. 中国特色社会主义研究,

2021（1）.

［41］徐水源．农民工劳动合同签订状况及其影响因素分析［J］．人口与社会，2017（3）.

［42］薛天山．人际信任与制度信任［J］．青年研究，2002（6）.

［43］严霞，王宁．"公款吃喝"的隐形制度化——一个中国县级政府的个案研究［J］．社会学研究，2013（5）.

［44］杨敏，郑杭生．社会实践结构性巨变与锻铸社会和谐的坚实支柱［J］．探索与争鸣，2007（4）.

［45］杨宜音．自己人：信任建构过程的个案研究［J］．社会学研究，1990（2）.

［46］杨中芳，彭泗清．中国人人际信任的概念化：一个人际关系的观点［J］．社会学研究，1999（2）.

［47］姚先国，赖普清．中国劳资关系的城乡户籍差异［J］．经济研究，2004（7）.

［48］郁建兴，秦上人．制度化：内涵、类型学、生成机制与评价［J］．学术月刊，2015（3）.

［49］翟学伟．信任的本质及其文化［J］．社会，2014（1）.

［50］赵德余．制度与信任形成的微观机制——兼评房莉杰《制度信任的形成过程》［J］．社会，2010（6）.

［51］赵全民．论转型社会中政府信任的重建——基于制度信任建立的视角［J］．社会科学，2013（1）.

［52］赵树凯．农村问题与政府制度化［J］．发展论坛，2008（3）.

［53］张建新，张妙清，梁觉．殊化信任与泛化信任在人际信任行为路径模型中的作用［J］．心理学报，2000（3）.

［54］张静．信任问题［J］．社会学研究，1997（3）.

［55］张景涵，胡大武．《劳动合同法》强制性规范研究——以"应当"语词为视角［J］．华侨大学学报（哲学社会科学版），2021（4）.

［56］张笠雲．制度信任及行为的信任意涵［J］．台湾社会学刊，2000（23）．

［57］张展新．劳动力市场的产业分割与劳动人口流动［J］．中国人口科学，2004（2）．

［58］周雪光．西方社会学关于中国组织与制度变迁研究状况述评［J］．社会学研究，1999（4）．

［59］周怡．信任模式与市场经济秩序——制度主义的解释路径［J］．社会科学，2013（6）．

［60］邹宇春．提升制度信任：确保政府良性运行的重要方向［J］．中国发展观察，2014（8）．

三、外文专著

［1］Barbara A M. Trust in Morden Societies："The Research for the Bases of Social Order"［M］. Police Press, 1996.

［2］Erikson E H. Childhood and Society［M］. New York：N. Y. Norton, 1950.

［3］Good D. Individuals, Interpersonal Relations, and Trust［M］// Gambetta, D. Trust：Making and Breaking Cooperative Relations . New York：Blackwell, 1988.

［4］Hardin R. Trusting Person, Trusting Institution［M］//R. J. Zeckhauser. Strategy and Choice. Cambrige, Mass. ：MIT Press, 1991.

［5］Knight J. Models, Interpretations and Theories：Constructing Models of Institutional Emergence and Change［M］//J. Knight, I. Send. University of Michigan Press, 1998.

［6］Kiser L, Ostrom E. The Three Worlds of Action：A Meta-theoretical Synthesis of Institutional Approaches［M］// Ostrom. Strategies of Political Inquiry, 1982.

［7］Luhmann N. Trust and Power［M］. New York：John Wiley & Sons, 1979.

[8] Mincer J. Schooling, Experience and Earnings [M]. New York: Columbia University Press for the National Bureau of Economic Research, 1974.

[9] Zucker L G. Production of Trust: Institutional Sources of Economic Structure, 1840—1920 [M] //B M Staw, L Cumings. Research in Organizational Behavior. Greenwich. CT: JAI Press , 1986.

四、外文论文

[1] Burns J, Scapens R W. Conceptualizing Management Accounting Change: An Institutional Framework [J]. Management Accounting Research, 2000 (11).

[2] Davis M R, Schoorman F D. An Integrative Model of Organizational Trust [J]. Academy of Management Review, 1995, 20 (3).

[3] Deutsch M. Trust and Society [J]. Journal of Conflict Resolution, 1958 (2).

[4] Welch F. Education in Production [J]. Journal of Political Economy, 1970, 78 (1).

[5] Hardin R. The Morality of Law and Economics [J]. Law and Philosophy, 1992, 11 (2).

[6] Hosmer L T. Trust: The Connection Link between Organizational Theory and Philosophical Ethics [J]. Academy of Management Review, 1995, 20 (2).

[7] Kim P H, Dirks K T, Cooper C D. The Repair of Trust: A Dynamic Bilateral Perspective and Multilevel Conceptualization [J]. Academy of Management Review, 2009, 349 (3).

[8] Lewis J D, Weigert A. Trust as A Social Reality [J]. Social Forces, 1985, 63 (4).

[9] March J G, Olsen J P. The Institutional Dynamics of International Political Orders [J]. International Organization, 1998 (4).

［10］ Mayer R C, Davis J H, Schoorman F D. An Integrative Model of Organizational Trust ［J］. Academy of Management Review, 1995, 20 （3）.

［11］ McAllister D J. Affect-and Cognition-based Trust as Foundations for Interpersonal Cooperation in organizations ［J］. Academy of Management Journal, 1995 （20）.

［12］ Mishra J, Morrissey M A. Trust in Employee/ Employer Relationship: A Survey of West Michigan Managers ［J］. Publish Personal Management, 1990, 19 （4）.

［13］ Moorman C, Zaltman G, Deshpande R. Relationships Between Providers and Users of Market Research: The Dynamics of Trust Within and Between Organizations ［J］. Journal of Marketing Research, 1992 （19）.

［14］ Pettit P. The Cunning of Trust ［J］. Philosophy & Public Affairs, 1995, 24 （3）.

［15］ Rousseau D M, Burt R S, Sitkin S B, Camerer C. Not so Different After all: A Cross-discipline View of Trust ［J］. Academy of Management Review, 1998 （23）.

［16］ Rotter J B. A New Scale for the Measurement of Interpersonal Trust ［J］. Journal of Personality, 1967 （35）.

五、学位论文

［1］ 陈华珊. 组织中的信任——所有制差异及其整合机制 ［D］. 上海: 上海大学, 2013.

［2］ 董才生. 社会信任的基础: 一种制度的解释 ［D］. 长春: 吉林大学, 2004.

［3］ 刘丹. "拆迁补偿居民" 投资行为中的信任——对西安市城郊 D 村居民的调查分析 ［D］. 武汉: 华中科技大学, 2013.

［4］ 罗宁. 中国转型期劳资关系冲突与合作研究——基于合作博弈的比较

制度分析［D］. 成都：西南财经大学，2009.

［5］辛鸣. 制度论——哲学视野中的制度与制度研究［D］. 北京：中共中央党校，2004.

后　记

　　山川草木，将时光写作一首诗；人世繁碌，将奋斗汇成一本册。缓缓摊开即将付印的博士论文，在博士毕业经历了求职、结婚、生子等人生几件重要大事之后，今天终于将自己最初的学术专著呈现于读者面前。回想着期间数易其稿的全情投入、百转千回的字斟句酌，深感其过程的艰辛和不易。

　　2010 年 9 月，我有幸考入华中科技大学社会学院，师从雷洪教授攻读社会学硕士研究生。在一次经济社会学的课堂上，学习了社会资本理论和信任理论，而当时家乡正发生城中村改造拆迁后大规模集资和投资热潮。在理论与现实的碰撞下，从信任的理论框架和分析视角研究城中村改造拆迁后出现的投资热潮引起我的强烈兴趣。"拆迁补偿居民"的投资行为是否由信任决定？有哪些信任类型？依据什么产生信任？这些信任对居民投资行为产生什么影响？带着这些问题，我回到家乡开展实地调研，收集经验资料，最终撰写了《"拆迁补偿居民"投资行为中的信任》的硕士毕业论文，也开启了对社会信任问题的研究。

　　硕士研究生毕业后，我继续跟随雷洪教授攻读博士研究生。四年的博士生活枯燥忙碌但也简单充实，在这期间参加了雷洪教授关于"制度研究"的研究项目和学术研讨，进一步启发了我从信任方面对制度问题的思考，于是决定博士论文的研究方向为"制度信任"研究。目前学界关于制度信任的研究，主要侧重于对制度性社会秩序、制度环境的信任研究，对具体社会制度本身的信任研究较为缺乏，尤其是从社会制度本身的信任角度进行经验研究和实证分析更是有限。而在社会转型的当下，制度体系不断完善的同时，制度实施、执行中存在着制度失灵、异化、矛盾或冲突等问题，引发容易被忽略的问题：人们对制度的不信任。基于对理论的思考和社会现实的把握，我决定从中观层面，对与每一位劳动者息息相关的制度——劳动合同制度的信任为研究切入点，从制度本身的信任展开实证研究，分析人们对制度信任的水平和程度，把握主观信任的背后所反映的制度问题，探索制度信任建立的基础和条件。最终在雷洪教授的悉心指导下，论文顺利完成，并在论文盲审和答辩中获得全优。

现在，这本凝聚四年艰辛与努力的书稿就要出版了，本书能顺利出版离不开雷洪教授的悉心指导和帮助。从论文选题、研究设计、搜集资料、撰写修改到专著出版，都倾注了雷洪教授的诸多心血和汗水。雷洪教授不仅教授我知识，传道授业解惑，更引导着我在学术的路上、人生的途中前行，在此向雷洪老师致以深深的谢意。他的长者风范与学者风华，深深地感染我，让我永远敬仰。中南财经政法大学的谭明方教授、华中科技大学的石人炳教授、王茂福教授、华中农业大学的钟涨宝教授、华中师范大学的江立华教授都对本书提出过具体而富有卓见的建议，让我受益匪浅，在此一并表示感谢。

在这里，还要特别感谢中南财经政法大学青年学术文库项目、湖北省社会科学基金一般项目的支持。感谢武汉大学出版社，感谢韩秋婷编辑为本书的出版付出的辛勤劳动。

受研究水平所限，书中的分析和论证中的不妥和疏漏之处，恳请专家和学者批评指正。

刘 丹

2022 年 8 月